Les Chartes de Coutumes de la Haute-Garonne
(du XIIIe au XVIe siècle)

Languedoc, Gascogne toulousaine, Comminges et Nébouzan

par J. Decap

Correspondant de la Société archéologique du Midi.

(Extrait des Mémoires de la Soc. arch. du Midi, 1901)

ho cossolh de medicina. Pa ni vi ni deguna autra causa pertenen a la comunitat l'abadessa ho done fora lo monestier, ni deguna autra sor, mas que las causas cominals sian be gardadas e distribuidas a las sors, segon que mestier lor sera o sera de razo. Totas aquestas causas desus dichas volem que sian el monestier tengudas e observadas, e si deguna causa per negligencia era mai fayta ho lays[sada], que sia corregida e emendada. De las autras causas que seran be faytas sian a Dyeu laus redudas e gracias. *Amen.*

780   Dadas [a] Avinho de jos nostres sagels sobre dichs, l'an de la Nativitat de Nostre Senhor Dyeu Jhesu Crist lo .XVII. dia d'octobre .MCCCLVIII. lo pontificat de nostre senhor mosen Ignocen, per la gracia de Dyeu, papa, seyze, l'an seyze.

LES
CHARTES DE COUTUMES DE LA HAUTE-GARONNE
DU XIII° AU XVI° SIÈCLE
(LANGUEDOC, GASCOGNE TOULOUSAINE, COMMINGES ET NÉBOUZAN)

Les chartes de coutumes du moyen âge ont leur origine dans les mêmes causes qui amenèrent l'émancipation communale et l'organisation des communes dans le Nord, des villes consulaires dans le Midi : elles furent le résultat du progrès des idées, d'un besoin d'organisation sociale. Des consulats existaient bien au douzième siècle, mais sans charte d'institution. Au treizième, ils furent consacrés par un acte et créés là où il n'y en avait pas encore. Les usages et coutumes qui réglaient les rapports réciproques des seigneurs et de leurs vassaux furent simplement rédigés.

Le mouvement vers l'autonomie communale fut très vif durant environ deux cents ans; du treizième au quatorzième siècle, il se généralisa, les demandes de concessions de coutumes affluèrent d'abord; il se ralentit ensuite et il touche à sa fin au début du seizième siècle. L'on peut dire que le treizième siècle fut l'âge d'or des chartes de coutumes et que le département de la Haute-Garonne fut une région coutumière par excellence à l'égal du Gers, du Tarn-et-Garonne, du Lot-et-Garonne, de la Gironde. En effet, sur les 167 chartes dont nous avons pu dresser la nomenclature, 82 furent rédigées au treizième siècle, 29 au quatorzième, 25 au quinzième et 7 au seizième; pour 24, la date nous est inconnue; et encore faudrait-il ajouter les textes à jamais irrecouvrables à ceux qui ont été retrouvés ou dont l'existence a pu être authentiquement constatée.

Le treizième siècle fut une époque féconde en concessions de coutumes; il le fut aussi en fondations de *bastides* ou de *villes neuves*, et il est bien rare que l'acte d'établissement de ces dernières ne fût suivi d'une charte municipale, qui souvent se rattachait à une charte-type. L'on sait que sous l'administration d'Alphonse de Poitiers, il fut créé en son Parlement (1270) une chambre spéciale pour examiner les chartes à concéder, et qu'il avait été adopté trois modèles de rédaction. Quelquefois une communauté obtenait la concession d'une charte déjà appliquée dans une communauté voisine, et dont on avait pu constater les bons effets. Il en fut ainsi pour Lostelle, Fonsorbes, Larcan, Montégut, Eoux, etc. Une certaine similitude doit exister aussi entre les chartes accordées par les rois, par une famille de seigneurs laïques ou une communauté de religieux ; une étude comparative permettrait d'établir les filiations ou l'identité, elle ne serait pas sans intérêt et pourrait être entreprise, pour les documents qui font l'objet du présent inventaire, dans l'ordre suivant : 1° coutumes accordées par les rois ou leurs officiers ; 2° par les comtes de Toulouse ; 3° par les seigneurs de l'Isle-Jourdain ; 4° par les comtes de Comminges, les seigneurs de Benque ; 5° par les chevaliers de Malte ; 6° par les abbés de Nizors, de Bonnefont, etc.

La rédaction des chartes municipales fut le plus souvent contemporaine d'un événement important pour la communauté : un changement de seigneur, un procès, une transaction. Les habitants voulurent se créer des titres pour conserver plus sûrement leurs droits ou pour fixer des usages incertains et variables et donner par là des règles aux juges. Quand elle coïncidait avec la fondation d'une bastide, le but était d'attirer la population par des privilèges.

Les chartes offrent une grande variété de forme, ainsi que de fond. « Composées sans méthode, vrai pêle-mêle de règles de date et d'origine » diverses, elles sont à la fois très incomplètes et très étendues. Elles tou-» chent aux droits respectifs du seigneur et des habitants, aux attributions » des autorités locales, à l'organisation municipale et judiciaire, au droit » criminel et à la police, quelque peu au droit civil et féodal et à la procé-» dure. Ce sont à la fois des recueils de lois constitutionnelles et de petits » Codes criminels et civils. » (Brissaud, *Manuel d'histoire du droit français*, p. 253.)

On y trouve en effet :

L'énumération des *droits féodaux* réservés par les seigneurs sur les fours, les forges, les moulins, les boucheries, les tavernes, les marchés, les leudes et péages, les ventes et engagements d'immeubles ; les redevances, censes et oblies, les dîmes, les corvées, la chasse, la pêche, l'albergue, cavalcade, host ou droit de gîte ;

Les *concessions* et *franchises* accordées aux vassaux : concessions de terrains, droits d'usage et de dépaissance, liberté de séjour dans les bastides, sûreté des personnes, inviolabilité du domicile, exemption du droit de formariage, affranchissement de la taille ou quête, liberté d'élever les enfants aux ordres sacrés ;

Les dispositions de *droit civil* sur les ventes, les mariages, les dots, les testaments, les successions *ab intestat ;*

L'*organisation judiciaire* : la composition des tribunaux, un Code criminel en des articles exposés souvent avec force détails sur les peines pécuniaires et corporelles applicables au vol, à l'usage des fausses mesures ou faux poids, à la fabrication des fausses monnaies, aux blasphèmes, aux injures, aux coups et blessures, à l'homicide, à l'adultère, au viol, à la séduction des jeunes personnes, aux délits contre l'autorité royale ; la procédure criminelle et civile, les frais de justice ;

L'*organisation municipale* : le nombre des consuls, le mode d'élection, la durée de leurs fonctions, l'époque de leur mutation annuelle fixée aux fêtes de Saint-Jean, Toussaint, Noël et Saint-Martin, l'investiture seigneuriale, leurs attributions en matière d'édilité, police, voirie, gestion des biens communaux, leur participation dans la composition du tribunal avec le juge institué par le seigneur ; la réglementation des boucheries, des tavernes et de l'usage des mesures légales, la défense de la ville, les prérogatives et les insignes consulaires, le choix des sergents, gardes ou messeguiers pour la police urbaine et rurale.

Ces documents sont les uns très courts, absolument informes ; les autres très longs, très détaillés, mais toujours rédigés sans ordre prédéterminé. Ils sont écrits tantôt en latin, tantôt en roman ; on les traduisait en langue vulgaire pour les rendre compréhensibles au peuple.

Les chartes de coutumes furent souvent l'objet de confirmations de la part des rois. « Il y a, » dit M. E. Jarriand, « peu de chartes de villes pe-
» tites ou grandes, qui n'aient été plusieurs fois confirmées, et cela souvent
» jusqu'à une époque relativement peu éloignée de nous. François Ier accorda
» beaucoup de confirmations, Louis XIV également. On en rencontre même
» encore à la fin du dix-huitième siècle, et les villes tenaient à honneur de
» les obtenir et de se dire en possession de privilèges. La coutume rajeunie
» par ces confirmations royales y puisait-elle un nouvel élément de force et
» d'autorité ? Ce n'est là qu'une apparence. Jamais, à partir d'une certaine
» époque, et sauf le cas où un privilège particulier était expressément men-
» tionné, on ne constate l'influence de ces confirmations ni dans les faits ni

» dans la jurisprudence. Elles n'étaient suivies d'autre effet que d'une men-
» tion honorifique dans les archives des villes... C'étaient des formalités
» d'étiquette, des réserves théoriques qui ne tiraient pas à conséquence. Il
» ne faut voir dans ces actes que des souhaits de bienvenue distribués par
» les rois à leurs bonnes villes, à leur avènement, ou quand ils parcouraient
» le royaume. Politesses de souverains, banales et sans portée. [E. Jarriand,
» *Hist. de la nov. 118*, p. 265.] D'une manière générale, au quatorzième
» siècle, les coutumes nouvellement rédigées en harmonie avec les mœurs
» restèrent en pleine vigueur. Au quinzième siècle, elles n'étaient pas en-
» core tombées en désuétude. » [E. Jarriand, p. 260.] Leur déchéance ne
tarda pas à venir, et elle concorderait avec les progrès du droit romain
dont elles avaient arrêté la marche au moyen âge. Les causes de leur affai-
blissement sont multiples. Salvaing, dans son *Traité des fiefs*, indique les
principales :

« Ces statuts et règlements, » dit-il, « faits par les seigneurs, ont cessé
» d'être observés pour deux raisons : l'une que c'est une usurpation sur
» l'autorité souveraine ; l'autre que la plupart sont contraires au droit com-
» mun. » Il appartient aux historiens de notre droit d'étudier leur évolution
en détail aux seizième et dix-septième siècles. Au dix-huitième, elles avaient
fait place au droit romain, elles avaient presque complètement disparu.
« Les coutumes enfouies, égarées au fond des archives des villes, inconnues
» des magistrats jadis chargés de veiller sur elles et de les observer fidèle-
» ment, inconnues ou ignorées des jurisconsultes, perdues ou oubliées, res-
» taient lettre morte. » [E. Jarriand, p. 265].

*
* *

L'étude des chartes de coutumes nous a paru propre à éclairer l'histoire des
institutions communales dans le Midi et l'histoire du droit ; elles sont aussi
des documents très recherchés par les auteurs de monographies locales. Nous
ne pouvions songer à entreprendre cette étude, notre compétence ne nous
l'eût point permis ; mais nous avions la conviction que nous pouvions rendre
quelques services à la science en facilitant les recherches aux érudits. Nous
n'avons pas visé plus haut.

Des savants de notre région ont demandé plusieurs fois qu'il fût dressé
un inventaire des chartes de coutumes méridionales par départements pour
en constituer après un *corpus*. M. Pasquier, archiviste de la Haute-Garonne,
présenta à ce sujet un vœu au *Congrès de l'Association pyrénéenne*, tenu à

Bordeaux en 1891 (1) ; M. Brissaud, professeur à la Faculté de droit de Toulouse, exprime le même désir dans son *Manuel d'histoire du droit français* (p. 253, note). C'est pour répondre à leur invitation et à la sympathie dont ils veulent bien nous honorer que nous avons entrepris notre nomenclature. Nous aurions souhaité pouvoir la donner plus complète et parfaite. Elle est loin de réunir ces deux conditions ; elle n'est qu'un essai qui n'a d'autre mérite que de témoigner de notre bonne volonté ; elle est perfectible, et nous nous offrons, d'ailleurs, bien volontiers à la reprendre pour l'augmenter et l'améliorer afin qu'elle ne soit pas trop inférieure aux travaux similaires qui ont déjà paru pour quelques départements voisins de la Haute-Garonne (2).

Nous avons cru devoir, pour faciliter les recherches, dresser notre liste par ordre alphabétique de localités, bien qu'il eût été plus logique d'en adopter un autre, l'ordre géographique, par exemple. Nous nous sommes efforcé de suivre le programme tracé par M. Pasquier au Congrès de Bordeaux. Notre nomenclature est aussi méthodique que nous avons su et pu la faire. Elle indique : 1° le nom de la communauté à qui la charte fut con-

---

(1) *Revue des Pyrénées*, 1891, et *Bull. de la Soc. ariégeoise*, 1891-94, p. 87.

(2) Voici les publications auxquelles nous faisons allusion :

Pasquier (F.). — *Nomenclature des chartes de coutumes de l'Ariège, du treizième au seizième siècle*. In-8°, 18 pages. Foix, Pomiès, 1882.

Pottier (chanoine F.). — *Les chartes de coutumes du Tarn-et-Garonne* [76 coutumes, ordre alphabétique], dans *Bull. Soc. arch. de Tarn-et-Garonne*, 1889, pp. 125-49.

Rénouis (E.). — *Les coutumes de l'Agenais* [au nombre de 50, liste par ordre alphabétique], dans *Nouv. Rev. hist. de droit*, 1890, pp. 388-96.

Kontz (G.). — *Liste des coutumes municipales et régionales du département du Gers*, travail inédit qui a valu à l'auteur une médaille de la Société archéologique du Midi en 1896. Cf. *Bull. Soc. arch.*, 1896, p. 133.

Monlezun. — *Histoire de la Gascogne*. Liste des coutumes du Gers, t. III, p. 479, et IV, 434.

Les coutumes ont encore fait l'objet des études suivantes :

Bladé (J.-F.). — *Coutumes municipales du département du Gers*, 1re série [22 coutumes]. 1 vol. gr. in-8°, xxviii-255 pages. Paris, Durand, 1864.

Du Bourg (A.). — *Étude sur les coutumes communales du sud-ouest de la France*, dans *Mém. de la Soc. arch. du midi* (1883), XII, 250-304.

Cabié (Edm.) — *Chartes de coutumes inédites de la Gascogne toulousaine*, Archives historiques de la Gascogne, fasc. V, in-8°, 158 pages. Auch, Cocharaux, 1884.

Jarriand (Em.). — *Histoire de la novelle 118 dans le pays de droit écrit, depuis Justinien jusqu'en 1789*. [Examen des coutumes au point de vue des successions]. In-8°, Paris, 1889.

— *Tableau des coutumes des pays de droit écrit* [à la suite de son étude sur la succession coutumière dans les pays de droit écrit], dans *Nouv. Rev. histor. de droit*, 1890, p. 58-79.

Brissaud (J.). — *Manuel d'histoire du droit français* [chap. VIII, pp. 252-63, consacré aux chartes municipales, avec liste des coutumes méridionales]. In-8°, Paris, Fontemoing, 1898.

cédée ; 2° la date de la concession et quelquefois des confirmations ; 3° les auteurs de la concession ; 4° les conditions d'existence des documents en original ou en copie, en traduction ou en résumé, la langue de leur rédaction primitive ; 5° la mention des dépôts où ils sont conservés ; 6° les indications bibliographiques pour les textes publiés ; 7° les localités dont on ne possède plus les chartes, mais pour lesquelles l'existence des coutumes est constatée dans les anciens inventaires d'archives (Trésorerie de Toulouse, Sénéchaussée de Toulouse, Cour des aides de Montpellier, etc.), dans les livres terriers, les reconnaissances féodales, les procès, etc.

Nous n'avons pas compris dans la liste les actes de paréage ; on n'y trouvera que celui de Colomiers parce qu'il contient des articles spéciaux à la création d'un juge et de quatre consuls. Davantage n'y figurent point des privilèges divers sur les droits d'usage dans les bois et les dépaissances parce qu'ils ne constituent pas, au sens précis, des chartes de coutumes communales, c'est-à-dire d'organisation du régime municipal.

Les chartes relevées pour 167 localités de la Haute-Garonne peuvent se classer de la façon suivante :

Sur 167 { 38 textes ont été publiés ou analysés ;
129 restent inédits ou irrecouvrables ;

Sur 167 { 82 remontent au treizième siècle ;
29 — quatorzième siècle ;
25 — quinzième siècle ;
7 — seizième siècle ;
24 sont sans date connue.

Aignes (1). — 1242 (mai). Charte de privilèges octroyée par le prieur de l'ordre de Malte, de Toulouse, Guilhaume de Barèges, à l'occasion de la construction de la ville ; promulguée en présence de Sicard de Miramont, de Bernard Jourdain, chevalier, de Bernard de Marencs (Arch. dép. de la Haute-Garonne, fonds de Malte, Aignes, l. 2). En 1276, requête des habitants au prieur Guillaume de Villaret, à l'effet d'obtenir une charte de commune. Elle fut accordée, puisqu'elle servit de modèle pour Fonsorbes en 1279 (voir Fonsorbes). En 1314, suppression de la commune d'Aignes, qui fut confondue avec Cintegabelle, tout en lui conservant ses privilèges (Arch. dép., Malte, Aignes, l. 4). Du Bourg, *Ordre de Malte*, pp. 133-4. Texte perdu.

Alan (2). — 1272. Coutumes accordées par l'évêque de Comminges et Philippe III, roi de France (Curie-Seimbres, *Bastides du Sud-Ouest*, p. 346, et *Invent. gén. des titres*

---

(1) Commune du canton de Cintegabelle, arrondissement de Muret, 850 habitants.
(2) Commune du canton d'Aurignac, arrondissement de Saint-Gaudens, 813 habitants.

de la Sénéchaussée de Toulouse, f° 191 r°, ms. aux Arch. dép.). Les Coutumes d'Alan servirent de type pour la rédaction de celles de Montmaurin (1317), de Blajan (1347), de Saint-Plancard (av. 1390), de Sarremezan (1391). Texte latin, copie du dix-septième siècle conservée aux Arch. com. de Blajan ; autre copie aux Arch. de la Soc. arch. du Midi de la France. Inédites.

Anan (1) *alias* Avan, Davan, Lavan. — Date inconnue. Paréage et coutumes mentionnés dans *Inv. gén. des titres de la Sénéch. de Toulouse*, f° 40 r°, ms. aux Archives départementales.

Antignac (2) et **Salles** (3). — 1325 (22 février). Coutumes accordées par Bernard, comte de Comminges (Arch. dép., Réformation et *Rev. de Gascogne*, t. XXXIX, 1898, p. 367). Texte latin dont une partie a été publiée par CASTILLON D'ASPET dans *Hist. des Popul. pyr.*, t. I, pp. 469-70.

Arbas (4). — 1247. Coutumes conformes à celles de Montastruc-de-Salies et de Rouède, confirmées par Dame d'Aspet, en 1397 (Arch. dép., Parl., Réform., Com., R, 14). Texte inconnu.

Ardiège (5). — 1409. Copie du 26 mars 1542 fournie par les consuls aux commissaires du « prince Henric, rey de Navarre, senhor et viscomte deudit Nebousan, » pour la réformation des domaines. Texte en langue vulgaire, 27 articles. Publiées par CASTILLON D'ASPET, *Hist. des popul. pyr.*, II, 358-63.

Artigue (6). — 1484 (18 septembre). Coutumes accordées aux habitants par Odet d'Aydie, comte de Comminges, seigneur de Lescun. Extrait collationné du 11 avril 1668, texte français, aux Arch. dép. Parlem., Réformation, Comminges, P. 41. Inédites.

Aspet (7). — 1382 (2 février). Acte de concession des libertés, coutumes, privilèges et franchises octroyés à la ville d'Aspet par dame Barrava, seigneuresse du lieu (CASTILLON D'ASPET, *Hist. des popul. pyr.*, I, 412-4 et II, 346-7). Texte latin. Les habitants jouissaient de leurs coutumes de temps immémorial. Raymond Arnaud de Coarase, baron du lieu, confirma, en y ajoutant d'autres concessions, les coutumes de 1382 (*Rev. de Comminges*, 1896, XI, 444). En 1441 et 1442, il augmenta considérablement les privilèges et libertés de la ville et établit des foires et marchés (*Ibid.*, XI, 437 et 444). Confirmation, texte roman, 45 articles, publiée par CASTILLON D'ASPET, II, 348-52. Autre confirmation par Manaud de Martory, tuteur de Henry de Foix, baron d'Aspet, en 1535, dans CASTILLON D'ASPET, II, 383-5, texte latin. Par arrêt du mois de février 1612, le Parlement de Toulouse déclare ne pas s'opposer à ce que les habitants de la ville et baronnie d'Aspet jouissent de leurs anciens privilèges confirmés par lettres patentes du 13 octobre 1611. Texte complet publié par M. F. PÉNISSÉ dans *Revue de Comminges* (1900), XV, 55-72.

(1) Com. du cant. de l'Isle-en-Dodon, arr. de St-G., 464 h.
(2) Com. du cant. de Luchon, arr. de St-G., 98 h.
(3) Salles et Pratviel, com. du cant. de Luchon, 181 h.
(4) Com. du cant. d'Aspet, arr. de St-G., 687 h.
(5) Com. du cant. de Barbazan, arr. de St-G., 460 h.
(6) Com. du cant. de Luchon, arr. de St-G., 133 h.
(7) Chef-lieu de cant., arr. de St-G., 2,048 h.

Aurignac (1). — Date inconnue. Coutumes données par Bernard, comte de Comminges, et confirmées par Peyre (sic) Raymond (Mentionnées dans *Inv. gén. des titres de la sénéch. de Toulouse*, f° 33 verso, ms. aux Arch. dép.).

Ausson (2). — 1531 (26 janvier). — Roger IV d'Espagne, seigneur de Montespan et d'Ausson, accorda aux habitants de ce dernier lieu des privilèges, libertés et coutumes qu'il fit rédiger par Jean Vallado, notaire des châtellenies de Montespan. Texte latin aux Arch. com., registre des titres anciens. Résumé sommaire donné par le Baron de Lassus dans *Rev. de Comminges*, X, 1895, 83.

Avignonet (3). — Avant 1271. Coutumes accordées par les comtes de Toulouse, remises en vigueur et confirmées par Louis XI en mai 1483. Latin, copie collationnée de 1532 aux Arch. dép., E, 893. Inédites.

Barbazan. — 1409 (?). Concession par le sire de Barbazan aux manants et habitants du lieu relevant tous de son épée et de son château. Cet instrument (*instrumentum*) de franchises fut octroyé par sire Menaud de Barbazan à l'occasion du mariage de sa fille avec le sire Bernard de Faudoas (Castillon d'Aspet, *Hist. des popul. pyr.*, II, 57).

Baziège (4). — Date inconnue. Coutumes mentionnées, ainsi que leurs « ratifications » dans *Inv. gén. des titres de la sénéch. de Toulouse*, f° 180 recto. Lettres patentes de Louis XII qui confirment les privilèges des habitants du lieu de Baziège, avril 1499 (*Recueil des Ordon. du Louvre*, XXI, 220).

Beauchalot (5). — 1329 (8 juin). Le 8 mars 1324 (1325 n. s.), offre de paréage de l'abbé de Bonnefont à Raoul Chaillot, commissaire réformateur du roi, pour la fondation d'une bastide (*Trésor des Chartes*, reg. 65, pièce 62). L'acte fut rédigé dans l'abbaye de Bonnefont : il y est stipulé que le roi accordera aux nouveaux habitants immunités, franchises et privilèges des nouvelles bastides royales construites par lui seul ou en société avec d'autres, spécialement de celles de Tric ou de Saint-Luc; le 21 novembre suivant eut lieu l'inauguration. Le 8 juin 1329, le sénéchal de Toulouse, Bertrand de Solominc, déclare qu'ayant examiné avec le Conseil royal de la sénéchaussée, les coutumes des bastides de Tric et de Solomiac, il accorde au nom du roi, ces mêmes coutumes aux habitants *nove bastide vallis Chaloti prope Bonumfontem*. Confirmées par Philippe de Valois à Melun en mars 1331 (1332 n. s.), se trouvent au *Trésor des Chartes*, reg. 66, f° 429. Publiées dans *Recueil des Ordonnances*, XII, 522.

Bellegarde (6) ou Saint-Damian. — Vers 1241-69. Coutumes signalées par M. E. Cabié dans *Coutumes de la Gascogne toulousaine*, p. 12. Texte inconnu.

Benque (7). — 1470 (7 février). Coutumes et privilèges accordés par Jean de

---

(1) Chef-lieu de cant., arr. de St-G., 1,265 h.
(2) Com. du cant. de Montréjeau, arr. de St-G., 416 h.
(3) Com. du cant. de Villefranche, 1,513 h.
(4) Com. du cant. de Montgiscard, arr. de Villefranche, 1,323 h.
(5) Com. du cant. de Saint-Martory, arr. de St-G., 443 h.
(6) Com. du cant. de Cadours, arr. de Toulouse, 399 h.
(7) Com. du cant. d'Aurignac, arr. de St-G., 405 h.

Benque, seigneur de Benque, Montagut et Eoux : « Tous documents anciens ayant esté brûlés ou perdus, » le seigneur, d'accord avec les habitants, rétablissent les privilèges et les font rédiger en forme d'acte par un notaire. Le même Jean de Benque donna des coutumes semblables, sauf quelques détails locaux, à Montégut en 1480. Original latin perdu. Traduction de 1588, en français, par M° Pierre Saint-Plancart, docteur et avocat au Parlement; expédition authentique de cette traduction faite le 5 juin 1739 aux Arch. dép., E, 891 ; extrait aux Arch. dép. Parlem, Eaux et forêts Comminges, M. 39. Publiée par CASTILLON D'ASPET, *Hist. des popul. pyr.*, II, 373-77 (cette copie contient de nombreuses erreurs); DE BENQUE, *Notice sur la baronnie de Benque*, 1860, pp. 49-60; AMBRODY, *Histoire de Escanecrabe*, Saint-Gaudens, Abadie, 1895, pp. 304-17 ; *Revue de Comminges*, XIII (1898), 65-72.

Blagnac (1). — Treizième siècle. Livre des droits, coutumes et privilèges du lieu de Blagnac, en parchemin, texte latin, disparu probablement dans un incendie en 1836. Quelques articles transcrits au verso de la couverture d'un registre de délibérations de 1781 à 1789, sous ce titre : « Libertés, exemptions et coutumes du temps de Raymond, comte de Toulouse, du vivant d'Alphonse et du règne de Philippe le Bel, pour le village de Saint-Pierre de Blagnac. » Confirmées par Philippe le Bel (B. LAVIGNE, *Histoire de Blagnac*, p. 20).

Blajan (2). — 1347 (10 septembre). Concession par Gaston Phœbus, comte de Foix et vicomte de Nébouzan, et par l'abbé de Nizors, aux consuls et habitants de Blajan, des libertés et privilèges accordés par Bertrand, évêque de Comminges, et le roi de France, à la communauté d'Alan le 6 des nones d'octobre 1272, et appliquées à Montmaurin le 5 juin 1317. La charte fut rédigée en présence des officiers du Nébouzan et autres, réunis dans l'église collégiale de Saint-Gaudens, par Bernard Vinalis, notaire de Montmaurin, qui avait transféré son étude à Saint-Gaudens. Texte latin, copie du dix-septième siècle aux Arch. communales.

Boissède (3). — Date inconnue. Les comtes de Comminges donnèrent des *Lois et Coutumes* à la communauté de Boissède (B. MAGRE, *L'Isle-en-Dodon, châtellenie du Comminges*, p. 236).

Bouloc (Boulieu) (4). — 1242. Privilèges accordés par Sicard Alaman (TEULET, *Layettes du Trésor des Chartes*, t. II, 461) signalées par M. Em. JARRIAND, *Nouv. Rev. histor. de droit*, 1891, p. 68. Texte inconnu.

Boulogne-sur-Gesse (5). — 1286 (janvier). Coutumes données aux habitants au mois de janvier 1296 par Philippe III, roi de France, et l'abbé de Nizors, après le paréage qui était intervenu entre eux la même année. Elles furent confirmées en 1347 par l'abbé et le comte de Foix, vicomte de Nébouzan. Original inconnu. Extrait en français dans un *Inventaire des titres de l'abbaye Notre-Dame de la Bénédiction-Dieu ou de Nizors fait en 1754*, pp. 92, 93, 94 ; ms. aux Arch. dép. Publié par

---

(1) Com. du cant. de Toulouse-Ouest, 1,791 h.
(2) Com. du cant. de Boulogne, arr. de S¹-G., 654 h.
(3) Com. du cant. de l'Isle-en-Dodon, arr. de S¹-G., 143 h.
(4) Com. du cant. de Fronton, arr. de T., 700 h.
(5) Chef-lieu de cant., arr. de S¹-G., 1,892 h.

M. J. Décap dans *Précisions sur la fondation de Boulogne* (*Rev. de Gas*. (1899), XI, 285).

Boussens (1). — Date inconnue. Mention du paréage de 1269, entre l'abbé de Bonnefont et le comte de Comminges, et des coutumes dans *Inv. gén. des titres de la sénéch. de Toulouse*, f° 34 recto, ms. Arch. dép.

Bretx (2). — Coutumes des 27 mai 1246 et 5 novembre 1256, les mêmes qu'à Thil. Aux douzième et treizième siècles, les deux villages, quoique distincts et ayant chacun son église et ses consuls, appartenaient aux mêmes seigneurs et avaient mêmes chartes de privilèges (Voir Thil).

Brignemont (3). — 1310. Charte accordée aux habitants par Arnaud de Preissac et Arnaud de Brignemont, seigneurs du pays. Texte latin, copie du dix-septième siècle aux Arch. com. Inédites.

Burgalaïs (4). — 1316 (n. s., 5 mars). Le comte de Comminges étant dans son château de Burgalaïs, consent une reconnaissance où sont énumérés les franchises, privilèges, *constitution de la communauté*, etc. Signalés dans un mémoire imprimé pour le maire de Burgalaïs et relatif à un récent procès (Arch. privées de feu J. Sacaze). Texte latin, traduit en français par M. Baudouin, ancien archiviste départemental, d'après une copie des Arch. dép., Parlem., Réform., Comminges.

Burgaud (5). — 1296. Charte accordée par Guillaume de Villaret, grand prieur des Hospitaliers (Mentionnée dans les Arch. dép., fonds de Malte, Burgaud, l. 4, et dans Du Bourg, *Ordre de Malte*, p. 250-3. Texte perdu).

Buzet (6). — 1242. Coutumes octroyées par Raymond, comte de Toulouse, marquis de Provence, en 1242, et ratifiées en mars 1428 par Charles VII. Texte latin. Copie de 1604 prise et collationnée sur les registres des Archives royales de la sénéchaussée de Toulouse aux Arch. dép., E, 891 [Voir *Mém. Soc. arch. du Midi*, II, 1868, p. 9, et IX, p. 4 : *Fragments historiques concernant la ville de Buzet*, par l'abbé Massol, et *Ordonnances du Louvre*, 1241, 1428 (mars), 1461 (mars)].

Caignac (7). — 1299. Charte de coutumes octroyée aux habitants de Caignac, probablement à l'occasion de l'agrandissement de cette ville, par Guillaume de Villaret, prieur de Saint-Gilles. Document déchiré en grande partie, le reste devenu presque illisible, aux Arch. dép., fonds de Malte, Caignac, l. 21. La place de Caignac était pourvue de son consulat déjà en 1239 (Ibid., l. 1, et Lagarde, l. 1), ce qui laisserait croire à l'octroi d'une charte de franchises et de commune contemporaine de l'érection et de la fortification de la ville à la fin du douzième siècle (Du Bourg, *Ordre de Malte*, pp. 119-21, et *Mém. Soc. arch. Midi*, XII, 155). La coutume de Villaret fut suivie de plusieurs accords avec les consuls : en 1316, relatif au moulin ; en 1350,

---

(1) Com. du cant. de Cazères, arr. de Muret, 325 h.
(2) Com. du cant. de Grenade, arr. de T., 208 h.
(3) Com. du cant. de Cadours, arr. de T., 719 h.
(4) Com. du cant. de Saint-Béat, arr. de St-G., 376 h.
(5) Com. du cant. de Grenade, arr. de T., 715 h.
(6) Com. du cant. de Montastruc-la-Conseillère, arr. de T., 1,207 h.
(7) Com. du cant. de Nailloux, arr. de V., 407 h.

autorisation aux vassaux de bâtir des fours particuliers à leur usage personnel. Inédites.

Cambernard (1). — 1500. Les manants et habitants de Cambernard exposèrent au commandeur de Boudrac, Roger de Polastron, qu'ils avaient l'intention de construire un « lieu fermé afin d'y abriter leurs personnes et leurs mobiliers, » lui représentèrent aussi « qu'ils n'avaient pas de coutumes écrites comme les habitants de Boudrac et ceux de Saint-Clar, » et le supplièrent de leur accorder une charte. Le grand prieur, Jean de Ranguis, chargea le chevalier de Polastron d'accorder à ses vassaux de Cambernard la faveur sollicitée (Mention aux Arch. dép., fonds de Malte, Cambernard, l. 1, et dans Du Bourg, *Ordre de Malte*, p. 28). Texte inconnu.

Capens (2). — 1259, 2 juin. Statuts, coutumes et privilèges concédés aux habitants par messire Pons de Villemur, seigneur du lieu, retenus par M° Raimond Roudic, « lesquels estatuts sont sur parchemin et en latin et une coppie en françois faite par feu M° Germain, advocat. » Mentionnés dans un Inventaire des titres, actes et papiers de la communauté de Capens, fait en 1663 (Arch. com.). Texte perdu, mais les principales dispositions en sont reproduites dans des pièces relatives à un procès (1502-1506) entre la communauté et noble Gaspard de Villemur, seigneur des baronnies de Saint-Paul (Tarn) et Montbrun, du comté de Pailhès (Ariège) et de Capens.

Carbonne (3). — 1257 (mars). Privilèges et coutumes accordés à la ville naissante de Carbonne par Alphonse de Poitiers en 34 articles (*Inv. gén. des titres de la sénéch. de Toulouse*, f°⁸ 192 recto et 205 verso). Confirmées par le roi Jean le 28 août 1356 (*Ordonnances du Louvre*, III, 82). Texte latin, original perdu. Neuf articles furent copiés sur un registre de 1660 par un nommé Béranger ; la copie en paraît authentique. Arch. com. de Carbonne. Inédites.

Castelnau-d'Estrétefonds (4). — 1329. Charte de coutumes de 1131 signalée par M. J. Adher, *Monographie de Castelnau-d'Estrétefonds*, dans *Bull. Soc. de géogr. de Toulouse*, VI (1887), 478. En 1329, transaction entre le seigneur et les habitants, acte invoqué postérieurement (J. Adher, *ibid.*, et Arch. com. de Castelnau). Texte inconnu.

Castéra (Le) (5). — 1240 (19 novembre). « Carta tangens factum de Castellario super usibus et consuetudinibus dicti loci. » Texte latin, en 42 articles, copie du seizième siècle, aux Arch. dép. de Tarn-et-Garonne, fonds d'Armagnac, Saume-de-l'Isle, f° 283. Publiées par M. E. Cabié dans les *Coutumes de la Gascogne toulousaine*, pp. 46-63, in-8°, Auch, 1884.

Cazaunous *alias* Cazanet (6). — Date inconnue. Coutumes mentionnées dans *Inv. gén. des titres de la sénéch. de Toulouse*, f° 37 verso ; ms. aux Arch. dép.

---

(1) Com. du cant. de Saint-Lys, arr. de M., 217 h.
(2) Com. du cant. de Carbonne, arr. de M., 311 h.
(3) Chef-lieu de cant., arr. de M., 2,303 h.
(4) Com. du cant. de Fronton, arr. de T., 1,444 h.
(5) Com. du cant. de Cadours, arr. de T., 569 h.
(6) Com. du cant. d'Aspet, arr. de St-G., 229 h.

Cazères (1). — 1282. Coutumes accordées par Eustache de Beaumarchez, sénéchal de Toulouse, au nom du Roy, nommés « Ramond Ato d'Aspel, Gaston d'Aspel, Bertrand de Ganac, Pierre de Genjac, Raimond Arnaud de Ganac » (*Inv. gén. des titres de la sénéchaussée de Toulouse*, f° 187 recto). — L'organisation communale existait à Cazères antérieurement à cette date, puisque les quatre consuls prêtèrent serment au sénéchal du roi de France lors de la réunion du Languedoc à la couronne en 1271 (Roschach, *Foix et Comminges*, p. 138, et C. Montrieu, *Cazères, Notice historique*, 2° édit., p. 42). La charte de coutumes octroyée en 1282 par le sénéchal Eustache de Beaumarchez est mentionnée dans une consultation demandée en 1726 à un avocat de Toulouse par la communauté cazérienne contre son seigneur le duc d'Antin. Le 29 janvier 1466, elle fut confirmée, au nom de Louis XI, par Paul Vaxis, juge en la jugerie de Rieux. Analyse sommaire de la charte confirmative dans *Cazères, Notice historique*, 1re édit., pp. 35, 45, 53, et 2° édit., pp. 98, 99.

Cladoux (2). — Date inconnue. Confirmation des coutumes accordées aux habitants par Savary d'Ornezan, évêque de Lombez (1512-1528), et Bernard d'Ornezan, abbé de Nizors. Copie de 1623 égarée (Renseignement fourni par M. Pasquier, archiviste de la Haute-Garonne).

Clerp (3). — 1464. Sentence du juge de Comminges portant confirmation des libertés, coutumes et privilèges des habitants, du 29 novembre 1570. Ces coutumes avaient été accordées, en 1464, par le comte de Comminges (Arch. dép., Réform., Comminges, P. 21). Texte inconnu.

Colomiers (4). — 1318 (10 février). Paréage fait entre Rahoul, évêque de Lodun, et Jean, comte de Foretz, commissaires députés par le Roy pour la réformation du pays de Languedoc, d'une part ; et nobles Guillaume de Seguier, Raymond du Falgua, Raymond Durant, Gautier d'Agrement, Pons Durant et Guillaume Durant, coseigneurs du lieu de *Colomiés*, d'autre part [Institution d'un juge, *création de quatre consuls*, etc. Ce paréage contient la substance d'une charte de commune]. Biblioth. de la ville de Toulouse, ms. 637, p. 1.

Cuguron (5). — 1531 (9 mars). Charte de coutumes accordée par Roger IV, baron de Montespan, aux habitants de Cuguron, par devant Bresche, notaire (Baron de Lassus, *Revue de Comminges*, X (1895), 84, et Arch. dép., Réform., Comminges, T. 5).

Daux (6). — 1253 (10 mai). « Instrumentum consuetudinem et libertatum de Dalbs. » Texte latin, 36 articles, copie du seizième siècle et modifications aux coutumes précédentes du 12 septembre 1288, 11 articles de plus, texte latin également, aux Arch. dép. de Tarn-et-Garonne, fonds d'Armagnac, Saume de l'Isle, f° 143, et aux Arch. dép. Haute-Garonne, E, 891. Publiées par M. E. Cabié, *Coutumes de la Gascogne Toulousaine*, pp. 86-96.

---

(1) Chef-lieu de cant., arr. de M., 2,710 h.
(2) Com. du cant. de Boulogne, arr. de St-G., 327 h.
(3) Com. du cant. de Saint-Béat, arr. de St-G., 709 h.
(4) Com. du cant. de Toulouse-Ouest, 1,689 h.
(5) Com. du cant. de Montréjeau, arr. de St-G., 280 h.
(6) Com. du cant. de Grenade, arr. de T., 560 h.

Eoux (1). — 1480 (5 juin). — Coutumes accordées par Pierre de Logorsan, seigneur du lieu, conformes, sauf quelques détails locaux, à celles de Benque. Texte latin, copie du dix-huitième siècle, cahier papier vermoulu, aux Arch. dép., E, 891. Inédites.

Escanecrabe (2). — 1278 (2 octobre). Charte de coutumes accordée par Gailhard de Benque, qui possédait en paréage la moitié de la terre. Ratifiées et augmentées par tous les coseigneurs le 8 mars 1283 (1284 n. s.). Texte latin en 49 articles. Publiées par M. F. AMBRODY dans *Histoire de Escanecrabe*, Saint-Gaudens, Abadie, 1895, pp. 248-55 et 255-7.

Estadens (3). — 1424 (26 octobre). Coutumes accordées par Raymond Arnaud de Coarraze, seigneur d'Aspet et d'Estadens. Texte roman. Extrait de ces coutumes aux Arch. dép., Parlem., Réform., Comminges, R, 12. Copie aux Arch. com. Inédites.

Fonsorbes (4). — 1205 (12 avril) et 1279 (17 juin). A la première date, une charte fut octroyée aux futurs habitants de la nouvelle ville de Fonsorbes par Bernard d'Orbessan, seigneur du lieu. Le 17 juin 1279, promulgation par le grand prieur de Saint-Gilles, G. de Villaret, de la charte de commune accordée aux habitants, plus libérale que la première et conforme à celle d'Aignes (commanderie de Thor-Bolbonne). Texte latin, en 46 articles, aux Arch. dép., E, 891. Le 5 janvier 1311, à la suite d'une révolte, les habitants se font priver de leur consulat et de leurs privilèges. Le 22 septembre 1483, modification relative au four banal. En 1506, nouvelle transaction sur les droits de dîmes et de fournage. — Les deux chartes ont été publiées par A. Du BOURG dans *Mém. de la Soc. arch. du Midi*, X, 1872-73, pp. 346 et 348.

Fontenilles (5). — 1507 (9 mars). Charte de coutumes accordée par Jean de La Roche, seigneur de Fontenilles et autres lieux. C'est un renouvellement de la concession qui paraît bien antérieure. Texte en langue vulgaire, 80 articles, original inconnu; copie de 1554 aux Arch. com. Publiées dans *Nouv. Rev. hist. de droit français et étranger*, XX (1896), 388-406.

Fousseret (6). — 1247 (juillet). Coutumes octroyées par Raymond, comte de Toulouse, marquis de Provence. Texte roman en 42 articles. Original inconnu, copie de 1530 sur registre in-folio contenant divers autres actes aux Arch. com. Inédites.

Fronsac (7). — 1464 (30 décembre). Privilèges et coutumes de Fronsac, confirmés par le roi en 1565 et 1594. Réformation du 30 mai 1610. Texte français publié par CASTILLON D'ASPET, *Hist. des popul. pyr.*, II, 432-3.

Fronton (8). — 1248. Octroi de nouvelles coutumes par Jourdain de Saint-André,

---

(1) Com. du cant. d'Aurignac, arr. de St G., 370 h.
(2) Com. du cant. de Boulogne, arr. de St-G., 572 h.
(3) Com. du cant. d'Aspet, arr. de St-G., 1,234 h.
(4) Com. du cant. de Saint-Lys, arr. de M., 835 h.
(5) Com. du cant. de Saint-Lys, arr. de M., 617 h.
(6) Chef-lieu de cant., arr. de M., 1,989 h.
(7) Com. du cant. de Saint-Béat, arr. de St-G., 502 h.
(8) Chef-lieu de cant. arr. de T., 2,328 h.

prieur de Toulouse, à ses vassaux de Fronton; il y est fait mention de l'existence de la magistrature municipale. En 1281, modification relative aux redevances (Arch. dép., fonds de Malte, Fronton, l. 1). En 1300, confirmation des privilèges de la commune et règlement des droits de dépaissance dans les bois de la commanderie (Ibid., l. 3). Le 26 juin 1328, nouvel accord entre les consuls et le commandeur Guillaume de Chavanon (Ibid., l. 4). En 1644, transaction nouvelle avec le grand prieur et modifications relatives à la justice, à la police, aux moulins, pigeonniers, viviers, garennes, etc. (Ibid., l. 7). Texte latin aux Arch. dép., E, 893. Inédites.

Frouzins (1). — Avant 1472. Un fragment important de la coutume est contenu dans un procès-verbal de serment prêté au mois de février 1472 par Antoine Inardi, seigneur de Frouzins, aux habitants du lieu, et du serment réciproque de ceux-ci. Texte en langue vulgaire, 12 articles, publié par M. l'abbé LESTRADE dans la *Revue de Comminges* (1899), IV, 271-9.

Gailhac-Toulza (2). — 1288 à 1294. En 1270, le comte Alfonse de Toulouse devint, avec l'abbé de Calers, seigneur paréager de la bastide de Gailhac-Toulza, par acte passé dans le monastère de Calers, le jeudi après la fête de la Toussaint, entre Théobal de Margueville, chevalier sénéchal de Toulouse et d'Albigeois, pour le comte Alfonse et la comtesse Jeanne, et frère Bernard du Bosc, abbé du monastère. Confirmation dudit paréage par Philippe le Bel en 1288. Le sénéchal de Toulouse Eustache de Beaumarchés accorda des coutumes au nom du roi aux habitants de la nouvelle ville. Mentionnées par M. BARRIÈRE-FLAVY dans *Abbaye de Calers*, Toulouse, Chauvin, 1887, p. 54, et dans *Invent. gén. des titres de la sénéch. de Toulouse*, comme données en 1274 par le Roy et l'abbé de Calers, f° 190 recto. Texte inconnu.

Galembrun (3). — 1290 (14 mai). Coutumes accordées par Isard Jourdain de l'Isle, seigneur de Launac, vidimées le 2 juin 1290 par le sénéchal de Toulouse. Texte roman; copie collationnée de juin 1664 aux Arch. dép., E, 802, et aux Arch. com. de Launac. Inédites.

Gardouch (4). — 1228. Charte réglant les rapports du seigneur et des habitants mentionnée dans un inventaire des Archives communales. Perdue.

Garin (5). — 1344. Charte de Garin, vallée de Larboust, autorisant une réunion des consuls. Etude sous le titre de *La tutelle des communes au quatorzième siècle*, par M. BAUDOUIN, ancien archiviste de la Haute-Garonne, dans *Mém. de l'Acad. des Sc. de Toulouse*, 7° série, III, 160. Ce n'est pas au sens précis une charte de commune.

Gensac-de-Boulogne (6). — Avant 1447. Hommage rendu en 1447 par les consuls de Gensac à Bernard de Mauléon, coseigneur dudit lieu, avec le comte de Comminges (énumération des coutumes). Parchemin français, copie de 1606 aux Arch. com. [Communication due à l'obligeance de M. PASQUIER]. Inédites.

(1) Com. du cant. de Muret, 486 h.
(2) Com. du cant. de Cintegabelle, arr. de M., 1,528 h.
(3) Autrefois communauté distincte, aujourd'hui section de Launac, cant. de Grenade, arr. de T.
(4) Com. du cant. de Villefranche, 838 h.
(5) Com. du cant. de Luchon, arr. de St-G., 207 h.
(6) Com. du cant. de Boulogne, arr. de St-G., 402 h.

Gragnague (1). — 1288 (20 août). Coutumes octroyées aux habitants de Gragnague (*Garanhaga*) par Hugues Mascaron, évêque de Toulouse; vidimées par Bernard de Gresinhan, viguier de Toulouse, le 4 août 1372. Gragnague dépendait de la temporalité de l'archevêché. Texte latin, copie de 1372 aux Arch. dép., E, 893. Inédites.

Grenade (2). — 1291 (11 mai). Coutumes, franchises et libertés concédées aux habitants, en conséquence du paréage de 1290, par Eustache de Beaumarchés, sénéchal de Toulouse, pour le roi de France, et par l'abbé du monastère de Grandselve, autorisées par Philippe le Bel au mois d'août 1291. Cette charte est la reproduction presque textuelle de celle de Beaumont-de-Lomagne. Les privilèges de Grenade furent confirmés par le roi Jean le Bon, en 1350, après le pillage de la ville (Arch. nat., section historique, JJ, 80). Publiées par R. RUMEAU dans *Inventaire arch. com. de Grenade*, II, p. 14, n° 63.

Grès (3). — 1300. Coutumes ou concessions faites par Bertrand Jourdain de l'Isle, seigneur du Grès, en faveur des habitants dudit lieu. Cahier dans les Arch. privées du château de Léran (Ariège), c. 1, LI. Inédites.

Isle-en-Dodon (4). — 1373. Charte de coutumes octroyée par Pierre Raimond, comte de Comminges, seigneur de Serrière, aux habitants de l'Isle-en-Dodon. Texte latin. Nouvelle charte concédée par Odet d'Aydie le 6 avril 1481 (1482 n. s.). Texte roman, aux Arch. dép., E, 893. Publiées par B. MAGNE, dans *L'Isle-en-Dodon, châtellenie du Comminges*, Toulouse, Privat, 1888, pp. 250-2 et 252-4.

Izaut-de-l'Hôtel (5). — 1250. Statuts et privilèges accordés aux habitants par les comtes de Comminges. Texte roman, copie collationnée sur son original du 3 septembre 1668 aux Arch. dép., Parlem., Réformation, Comminges, P. 11. Inédites.

Juzet-d'Izaut (6). — Date inconnue. Coutumes et privilèges confirmés le 25 décembre 1616 et en 1641. Extrait de l'acte de confirmation aux Arch. dép., Parlem., Réformation. Inédites.

Labarthe-de-Riv. (?) (7). — 1464. Coutumes de 1464 confirmées en 1475 par Louis XI, texte roman en 58 articles, copie du dix-septième siècle aux Arch. dép., E, 891. Signalées aussi par M. E. Jarriand comme données en 1506, indication tirée des *Documents sur le Tiers État*, vol. 23. Inédites.

Labastide-Paumès (8). — Date inconnue. Le 4 juillet 1610, extrait des coutumes et facultés accordées aux habitants par messire Jean d'Orbessan, seigneur du lieu, réduites en acte d'accord et transaction. Texte français en 20 articles. Arch.

---

(1) Com. du cant. de Verfeil, arr. de T., 520 h.
(2) Chef-lieu de cant., arr. de T., 3,622 h.
(3) Com. du cant. de Cadours, arr. de T., 253 h.
(4) Chef-lieu de cant., arr. de St-G., 2,340 h.
(5) Com. du cant. d'Aspet, arr. de St-G., 613 h.
(6) Com. du cant. d'Aspet, arr. de St-G., 560 h.
(7) Com. du cant. de St-G., 661 h.
(8) Com. du cant. de l'Isle-en-Dodon, arr. de St-G., 502 h.

dép., Parlem.; Comminges, Q. 3 et copie aux Arch. du château de Labastide. Publiées dans *Notes historiques sur Labastide-Paumès*, par M. Décap. Muret, 1895, pp. 32-9.

Lagardelle (1). — 1495 (26 avril). Transaction entre Révérend Père Jean de Morlhon, prieur commendataire de la Daurade de Toulouse, seigneur des trois portions du lieu de Lagardelle, noble Raymond de Montaut, écuyer seigneur de Montaut, Puydaniel et Lagardelle pour la quatrième partie, et les consuls et habitants, dans laquelle sont contenus les libertés, franchises, privilèges et coutumes « dont leurs predecesseurs avoint iouy. » Transaction passée devant Jean de la Cossaye, notaire de Toulouse. Texte français, 14 articles pour les coutumes. Copie authentique du dix-septième siècle, cahier papier trois feuillets doubles retenus par lanière parchemin aux Arch. du château de Lagardelle, propriété de M. le baron de Crazannes. Inédites.

Lamezan (2). — 1594 (4 août). Accord et reconnaissance entre le seigneur, les consuls et habitants du lieu, du 31 août 1642. Cet acte n'est qu'une reconnaissance par Alexandre-François de Bion d'une transaction faite en août 1594 entre Bernard de Lamezan, devenant seigneur du lieu, et les habitants; il y est rappelé certains articles de la coutume. Copie en forme du 22 juillet 1765 sur quatre feuillets papier appartenant à M. le docteur Lavat, de Casties-Labrande. Inédites.

Larcan (3). — 1447. Coutumes accordées par Mathieu de Foix, dernier comte de Comminges, les mêmes qu'à Saint-Marcet. Confirmées le 23 mars 1459 : Larcan appartenait alors en indivis et par moitié au roi et à nobles Vital et Bertrand de Preissac, seigneurs d'Esclignac. Original parchemin aux Arch. dép., E, 891. Inédites.

Larroque (4). — Date inconnue. Une copie des « usages, costumes et privilèges, » de 1514, en latin, est mentionnée dans un registre des Arch. dép., E, 681, f° 4 verso. Texte inconnu.

Latrape (5). — Même coutume qu'à Marquefave.

Latoue *alias* Latour (6). — Date inconnue. Mention des coutumes dans *Inv. gén. des titres de la sénéch. de Toulouse*, f° 34 verso, ms. aux Arch. dép.

Launac (7). — 1207. Coutumes concédées par Bertrand Jourdain de l'Isle, seigneur du pays, complétées et confirmées par son fils Bernard Jourdain de l'Isle, le 2 juin 1321. Texte latin, copie collationnée de 1742 aux Arch. dép., E, 892. Inédites.

Léguevin (8). — Vers 1309. Coutumes signalées par M. E. Cabié dans *Coutumes de la Gascogne toulousaine*, p. 12. Le 28 novembre 1309, en effet, eut lieu un paréage pour la bastide de Léguevin entre les Hospitaliers et Bernard Jourdain de l'Isle

---

(1) Com. du cant. de Muret, 621 h.
(2) Hameau de la com. d'Ambax, cant. de l'Isle-en-Dodon, arr. de St-G.
(3) Com. du cant. de St-G., 310 h.
(4) Com. du cant. de Boulogne, arr. de St-G., 813 h.
(5) Com. du cant. de Rieux, arr. de M., 855 h.
(6) Com. du canton d'Aurignac, arr. de St-G., 614 h.
(7) Com. du cant. de Grenade, arr. de T., 804 h.
(8) Chef-lieu de cant., arr. de T., 896 h.

(Arch. dép., fonds de Malte, Léguevin, l. 1, publié par Du Bourg, *Ordre de Malte*, pièces justif. n° XVII, pp. x-xiii).

Lestelle (1). — 1243 (5 décembre). Libertés, droits et coutumes du lieu de l'Estelle, octroyées par les comtes de Comminges et les abbés de Bonnefont. L'acte fut rédigé à Saint-Julien en présence du comte Bernard et de Raymond Lup, abbé. Ce titre fut présenté à Tannequin du Valois, commissaire réformateur en 1513. Original perdu. Copie collationnée de 1675, texte français en 73 articles, dont les 43 premiers sont tirés des coutumes de Saint-Julien. Publiées par Castillon d'Aspet dans *Hist. des popul. pyr.*, I, 445-55, et par M. A. Couget dans *Rev. de Comminges*, VIII, 1893, pp. 129-41. Copie aux Arch. communales.

Lévignac (2). — Avant 1296. Coutumes signalées par M. E. Cabié dans *Coutumes de la Gascogne toulousaine*, p. 12. Copie aux Arch. dép. (Renseignement fourni par M. Pasquier). Inédites.

Longages (3). — Après 1322. Paréage de Saint-André de Longages « entre le Roy et les religieuses du couvent de Longages, où le Roy soutenoit avoir la haute justice, par lequel il est dit que toute la justice sera commune, les consuls seront juges aux causes criminelles au nom du Roy et desd. religieuses, les coutumes seront conformes à celles de Gimont... Fait le mardy avant la feste de saint Bernard, 1322. » Mention dans *Inv. gén. des titres de la sénéch. de Toulouse*, f° 273 bis verso, et abrégé du paréage dans ms. 637, f° 35 de la Biblioth. de la ville de Toulouse.

Luchon (Bagnères-de-) (4). — 1315. Bernard VII, comte de Comminges, octroya une charte importante à la ville de Luchon (Mabnast, *Histoire du Comminges*, note de J. Sacaze, p. 78). Le 10 septembre 1484, confirmation des coutumes de la ville de Luchon par Odet d'Aydie. Acte daté de Muret. Texte français publié par Castillon d'Aspet dans *Hist. des popul. pyr.*, II, 377-9.

Malvezie (5). — 1590 (25 octobre). Transaction entre le seigneur, messire Jean d'Orbessan, et les habitants, où sont rappelés certains articles de la coutume, notamment l'élection consulaire et le pouvoir des consuls en matière de justice civile et criminelle. Copie d'après une expédition sur parchemin exhibée par Alamano, consul, le 3 mai 1673. Arch. dép., Parlem., Réform., P. 7. Inédites.

Mancioux (6). — 1432 (25 avril). Les mêmes coutumes qu'à Saint-Martory.

Marignac-Laspeyres (7). — 1274 (13 janvier). Coutumes octroyées par Ramond de Benque et Arnaud de Martres, seigneurs du lieu. Elles sont transcrites à la suite d'une transaction du 18 avril 1612 entre les consuls et habitants, et le sieur Bugnon, seigneur. Texte français. Arch. dép., Parlem., Réform., Comminges, M. 7. Inédites.

---

(1) Com. du cant. de Saint-Martory, arr. de St-G., 500 h.
(2) Com. du cant. de Léguevin, arr. de T., 748 h.
(3) Com. du cant. de Carbonne, arr. de M., 983 h.
(4) Chef-lieu de cant., arr. de St-G., 3,720 h.
(5) Com. du cant. de Barbazan, arr. de St-G., 505 h.
(6) Com. du cant. de Saint-Martory, arr. de St-G., 349 h.
(7) Com. du cant. de Cazères, arr. de M., 314 h.

Marignac (1) (Saint-Béat). — Vers 1268. D'après un dénombrement du 8 décembre 1669 (Arch. dép., Parlem., Réform., Comminges), le roi était coseigneur de Marignac avec les Sasserre et les d'Espouy ; les habitants avaient des privilèges municipaux aux dates de 1267 ou 1268 et 1399 (Signalées par M. P. DE CASTÉRAN, *Revue de Comminges*, XII, 166). Texte inconnu.

Marquefave (2). — 1235. Coutumes du lieu de Marquefave, « où il se voit que le Roy avoit acheté de noble Roger de Montaut la 12ᵉ partie de toute la justice et autres droits qu'il y avoit, de 1355... Privilèges accordés par les coseigneurs, au nombre de six, aux habitants de Marquefave, pour le droit de chasse, de pesche et de pâturage en 1235. » (*Inv. gén. des titres de la sénéch. de Toulouse*, f° 194 verso). Les habitants avaient demandé confirmation de leurs coutumes en 1355 (*Ibid.*, f° 273 bis recto). Copie de la coutume, texte latin dix-huitième siècle aux Arch. de la Société arch. du Midi, donnée par M. le docteur PALENC. Cette coutume était commune à Marquefave et Latrape.

Martres-Tolosane (3). — Date inconnue. Coutumes mentionnées dans *Inv. gén. des titres de la sénéch. de Toulouse*, f° 34 recto, ms. aux Arch. dép.

Mauran (4). — Sans date. Coutumes et privilèges des habitants du lieu de Mauran, en 49 articles, accordés par Roger d'Aspel et ses enfants, et le comte de Poitiers et de Toulouse (Mention dans *Inv. gén. des titres de la sénéch. de Toulouse*, f° 187 verso.

Mauvezin-de-l'Isle *alias* Malvoisin (5). — Date inconnue. Déclaration des consuls et coutumes mentionnées dans *Inv. gén. des titres de la sénéch. de Toulouse*, f° 40 recto, ms. aux Arch. dép.

Mazères (6). — 1228 et 1291. Deux cahiers, l'un en latin, l'autre français, contenant accords passés en 1228 et 1291 entre le commandeur de Montsaunès et les habitants ; signalés dans un inventaire des Arch. com., ont disparu.

Mauzac (7). — 1262. Coutume concédée par noble Guillaume Hunauld, seigneur de Mauzac et autres lieux, suivie de statuts et règlements rédigés en 1273. Elle est mentionnée dans deux dénombrements de 1669 et 1688, et divers autres actes conservés aux Arch. com. et qui en reproduisent quelques dispositions. Inédites.

Menville (8). — 1303. Coutumes signalées par M. E. CABIÉ dans *Coutumes de la Gasc. toul.*, p. 12. Texte inconnu.

Mérenvielle (9). — Vers 1281. Coutumes signalées par M. E. CABIÉ dans *Coutumes de la Gasc. toul.*, p. 12. Texte inconnu.

---

(1) Com. du cant. de Saint-Béat, arr. de Sᵗ-G., 617 h.
(2) Com. du cant. de Carbonne, arr. de M., 754 h.
(3) Com. du cant. de Cazères, arr. de M., 1,769 h.
(4) Com. du cant. de Cazères, arr. de M., 264 h.
(5) Com. du cant. de l'Isle-en-Dodon, arr. de Sᵗ-G., 194 h.
(6) Com. du cant. de Salles, arr. de Sᵗ-G., 802 h.
(7) Com. du cant. de Carbonne, arr. de M., 447 h.
(8) Com. du cant. de Grenade, arr. de Toulouse, 186 h.
(9) Com. du cant. de Léguevin, arr. de T., 249 h.

Merville (1). — 1307 (26 avril). Coutumes consenties par Bertrand Jourdain de l'Isle, seigneur de Launac et de Merville, en 44 articles. Le 26 mars 1317, concession de deux articles nouveaux. Le 9 septembre 1320, nouvelle concession en neuf articles par dame Jeanne de Saint-Eugendo, épouse de feu Bertrand Jourdain de l'Isle. Le 17 mars 1336 (n. s.), droit des sergents du seigneur pour les arrestations et sentence du juge. Les 30 mai 1355 et 22 janvier 1359 (n. s.), articles consentis par Jean Jourdain de l'Isle. Textes latins. Arch. du château de Merville, reg. n° 68 (0,205 × 0,182), 38 folios, propriété de Mme de Villèle. Publiées par M. l'abbé C. Douais dans *Nouv. Rev. hist. de droit français et étranger*, 1891, p. 619 et suiv. Tirage à part, Toulouse, Privat, 1891, in-8°, 72 p. Analysées par M. l'abbé Larrondo dans *Hist. de la baronnie de Merville*, Toulouse, Privat, 1890, pp. 52-71.

Miremont (2). — 1300. Paréage et coutumes, copie du seizième siècle, latin et français, mentionnée aux Arch. com., ainsi que des confirmations de 1518 et 1612. Texte inconnu.

Molas (3). — 1287. Bernard et Pierre de Molas rédigèrent les lois et coutumes pour les habitants (B. Magne, *L'Isle-en-Dodon, châtellenie de Comminges*, p. 235).

Mondavezan (4). — Date inconnue. Coutumes mentionnées ainsi dans l'inventaire des Arch. dép. du Gers, C, 488 : Procès du fermier du domaine de Mondavezan [1667] contre Bertrand Baqué, de Fousseret, au sujet d'un droit de reillage dû pour l'aiguisage des instruments de labourage à la forge banale (Extrait relatif à ce droit des coutumes octroyées aux habitants de Mondavezan par Bernard, comte de Comminges, et transcrites dans un « registre en parchemin couvert de bazane blanche, fait par les commissaires députés par le Roy sur la réunion et réformation du domaine de la châtellenie d'Aurignac, étant dans les Archives de la Trésorerie de Toulouse. » 1459). Texte inconnu.

Mondilhan (5). — 1494 (5 septembre). Coutumes accordées par Aymeric de Comminges, seigneur de Péguilhan et de Mondilhan. Traduction française du dix-huitième siècle aux Arch. dép., E, 892. Inédites.

Mondouzil (6). — 1277 (15 décembre). Coutumes accordées par les seigneurs du pays : texte latin, vidimus du sénéchal de Toulouse en 1552 ; copie de 1643 aux Arch. dép., E, 891. Inédites.

Montaigut (7). — 1274. Coutumes et privilèges accordés par Jourdain de l'Isle. Petit cahier en parchemin, Arch. du château de Léran (Ariège), C2, l. III, propriété de M. le duc de Mirepoix. Quelques extraits imprimés des articles des coutumes relatifs au droit de taille dû au seigneur (Ibid., C6, l. III). Renseignement dû à M. Pasquier.

---

(1) Com. du cant. de Grenade, arr. de T., 1,081 h.
(2) Com. du cant. d'Auterive, arr. de M., 1,110 h.
(3) Com. du cant. de l'Isle-en-Dodon, arr. de St-G., 435 h.
(4) Com. du cant. de Cazères, arr. de M, 717 h.
(5) Com. du cant. de Boulogne, arr. de St-G., 282 h.
(6) Com. du cant. de Toulouse-Sud, 146 h.
(7) Com. du cant. de Grenade, arr. de T., 460 h.

Montastruc (1), Rouède et Arbas. — 1247 (12 juillet). Au mois d'août 1623, le Parlement de Toulouse rendit un arrêt pour maintenir messire César de Tersac, baron de Montastruc et autres lieux paréager avec le roi, en la justice et directe des lieux de Montastruc, Rouède et Arbas, en la bannie des forges, four et moulin desd. lieux, conformément à divers titres visés des treizième, quinzième et seizième siècles, notamment les coutumes du 12 juillet 1247 (Arch. dép., B, 432, août 1623). Texte inconnu.

Montastruc-la-Conseillère (2). — 1241. Privilèges accordés par Sicard Alaman à Montastruc (TEULET, *Layettes du Trésor des Chartes*, II, 461), signalées par M. Em. JARRIAND, *Nouv. Rev. histor. de droit*, 1891, p. 68. Texte inconnu.

Montbrun (3). — 1264. Coutumes signalées par M. E. CABIÉ dans les *Coutumes de la Gascog. toul.*, p. 12. Texte inconnu.

Montégut-de-Bourjac (4). — 1481 (n. s., 26 février). Coutumes accordées par Honoré-Jean de Benque, seigneur de Benque, Montagut de Bourjac, Escanecrabe et autres places. Original latin, 40 articles, aux Arch. dép., E, 891. Publiées dans *Notes et documents historiques sur Montégut et le baron de Montagut-Barrau*, par M. J. DÉCAP, Muret, 1895, pp. 91-102.

Montespan (5). — Date inconnue. Le village, qui doit son nom au château, possédait dans ses archives un ancien titre sur parchemin qui était la charte fort complète et fort instructive de Montespan (MANAUD DE BOISSE, *Le château de Montespan*, in-18, 1891, p. 9. Texte inconnu.

Montesquieu-Guittaud (6). — 1493, 26 novembre. Costumas de Montesquiou accordées par M. de Noé, seigneur de Noé, de Montesquieu-de-Sarréra. Signalées par B. MAGRE, *L'Isle-en-Dodon*, p. 202, et mentionnées aux Arch. dép., C, 2157. Texte roman, copie moderne appartenant à M. l'abbé Lestrade, qui les publiera dans la *Revue de Comminges*.

Montesquieu-Volvestre (7). — 1246. Coutumes données par le comte de Toulouse, marquis de Provence, en 44 articles, « ou les droits deus au Roy y sont spécifiés » (Mention dans *Inv. gén. des titres de la sénéch. de Toulouse*, f° 186 recto). « Articles au nombre de 29 baillés par les consuls pour soutenir et appuyer leurs droits et privilèges, et il est dit que le comte de Toulouse fit bâtir led. lieu, qu'il estoit seigneur du pays de Rieux » (*Ibid.*, f° 186 verso). Divers arrêts du Parlement de Toulouse règlent les droits de forge banale suivant la coutume de 1246 (Arch. dép., B, 230, mars 1605; B, 240, mars 1606; B, 248, nov.-déc. 1606). Texte inconnu.

Montgaillard-de-Comminges (8). — Sans date. Passages de la coutume

---

(1) Com. du cant. de Salies, arr. de S¹-G., 764 h.
(2) Chef-lieu de cant., arr. de T., 998 h.
(3) Com. du cant. de Montgiscard, arr. de V., 331 h.
(4) Com. du cant. de Fousseret, arr. de M., 211 h.
(5) Com. du cant. de Salies, arr. de S¹-G., 750 h.
(6) Com. du cant. de l'Isle-en-Dodon, arr. de S¹-G., 312 h.
(7) Chef-lieu de cant., arr. de M., 3133 h.
(8) Com. du cant. de Boulogne, arr. de S¹-G., 131 h.

accordée aux habitants par le comte Bernard de Comminges. Texte roman; ces passages se trouvent dans une copie de 1505 aux Arch. dép., E, 891. Inédites.

Montgiscard (1). — 1318. Lettres de Philippe V le Long par lesquelles ce prince accorde des privilèges et des coutumes *habitatoribus nove bastide montis Guiardi, diocesis Tolosani* (probablement Montgiscard); il y est énoncé que Hugo Pictavinus en était coseigneur avec le roi (CURIE-SEIMBRES, *Bastides du Sud-Ouest*, p. 378). Lettres en faveur des habitants de Montgiscard en Lauragais, privilèges, etc., du 28 août 1356 (*Recueil des Ordonnances*, III, 81).

Montmaurin (2). — 1317 (5 juin). Charte de coutumes octroyée par Raymond de Bertrand et rédigée par Bernard Vinalis, notaire de Saint-Plancard. Elle est identique à celle d'Alan et servit de modèle pour Blajan (1347) et Sarremezan (1391). Texte latin. Inédites.

Montoulieu (3). — 1260. Coutumes concédées par Raymon de Benque. Texte latin en 35 articles. Copie du seizième siècle aux Arch. com. de Muret. Seront publiées par M. l'abbé Lestrade dans *Revue de Comminges* en 1901.

Montoussin (4). — 1270 (août). Coutumes concédées par Guilhem-Pierre du Mont, Pélégri de Medos, Bernard et Guilhem de Villamot, coseigneurs. Texte roman en 55 articles. Original perdu; copie du 13 août 1455, manuscrit parchemin (0,211 × 0,154) à M. de Rabaudy, propriétaire du château de Montoussin. Publiées par M. l'abbé DOUAIS dans *Nouv. Rev. hist. de droit français et étranger*, XIV, 1890, pp. 634-53.

Montréjeau (5). — 1272. La fondation de la ville de Montréjeau résulte d'un acte de paréage entre le seigneur terrien Arnaud d'Espagne, vicomte de Couserans, et le sénéchal Eustache de Beaumarchés. De ce titre conservé en analyse par Oihenart, t. 103, f° 226, il apparaît qu'Arnaud d'Espagne octroya à la ville de *Mons Regalis*, en la fondant, les franchises et coutumes ordinaires. En 1435, elles furent modifiées, confirmées et disposées en 228 articles. Autres dates de confirmation: 1437, 1483, 1608, 1613, 1770. « Statuts et coustumes de Montreal, » copie de 1619, texte français, registre aux Arch. com., pp. 17-80. Publiées par M. le baron DE LASSUS dans *Revue de Comminges*, XI, 1896, pp. 149-218.

Montsaunés (6). — 1288 (5 avril). Charte de libertés communales accordée par Pons de Brohet, maître des maisons du Temple en Provence, et Celebrun de Pins, commandeur. Coutume remarquable, texte en langue vulgaire. Castillon d'Aspet en a publié quelques dispositions dans *Hist. des popul. pyr.*, I, 464-6; commentée par F. SACAZE dans *Recueil de l'Acad. de législation de Toulouse*, VIII, 1859, pp. 111-47; voir aussi l'analyse et le texte dans *Mém. Soc. arch. du Midi*, V, 206 et 210.

Muret (7). — 1202. Libertés et privilèges des consuls et communauté de la

(1) Chef-lieu de cant., arr. de V., 877 h.
(2) Com. du cant. de Boulogne, arr. de St-G., 349 h.
(3) Com. du cant. d'Aurignac, arr. de St-G., 273 h.
(4) Com. du cant. de Fousseret, arr. de M., 230 h.
(5) Chef-lieu de cant., arr. de St-G., 2742 h.
(6) Com. du cant. de Salies, arr. de St-G., 441 h.
(7) Chef-lieu d'arr., 4064 h.

ville de Muret en Comenge (*castri veteris et villa nova Murelli*), octroyés par le comte Bernard. Confirmations du 12 janvier 1351 et du 12 juin 1378 par Jean d'Armagnac. Texte latin, original perdu. Copie du 10 mai 1671, « extrait tiré de la carte originale écrite sur parchemin et déposée en la Cour des aides et finances de Montauban, » aux Arch. com., cahier papier 32 feuillets (0,315 × 0,210), dont 6 en blanc; autre copie incomplète aux Arch. dép., E, 891. Inédites. Seront publiées par M. l'abbé LESTRADE dans *Rev. de Comminges*, en 1901.

Nénigan *alias* Villefranche-de-Nénigan (1). — 1282 (15 juin). Charte concédée en commun par Bernard, comte de Comminges, et par Pierre, abbé de Nizors, aux habitants de la Bastide-de-Villefranche de Nénigan (B. MAGNE, *L'Isle-en-Dodon*, p. 221 ; Arch. dép., *Invent. de Nizors*, p. 146). Traduction et copie de la fin du dix-septième siècle aux Arch. dép., E, 892. Inédites.

Noé (2). — 1224. Roger de Noé accorda plusieurs chartes de priviléges et de règlements de police aux vassaux de sa baronnie de Noé (*Biogr. toulousaine*, 1823, II, 95). Signalées aussi par M. E. CABIÉ dans *Coutumes de la Gascogne toulousaine*, p. 12.

Palaminy (3). — Sans date. Coutumes du lieu en 45 articles, accordées par Roger d'Aspet et ses enfants, et Michel *Atis*, sénéchal de Toulouse pour le comte de Toulouse et de Poitiers (Mention dans *Inv. gén. titres sénéch. Toulouse*, f° 187 verso).

Péguilhan (4). — 1272 (8 mars). Le 26 janvier 1541, il fut fait par le Parlement de Toulouse un règlement des contestations survenues entre les consuls et habitants de Péguilhan, et les sieurs de Comminges, père et fils, seigneurs du lieu, au sujet des bois de Vérusse, Gynière et Garonisse : il est déclaré que ces bois appartiennent aux seigneurs et que les habitants de Péguilhan y peuvent exercer les droits d'usage dans les conditions et aux charges fixées en l'instrument de leurs priviléges du 8 mars 1272 (Arch. dép., B, 34, f° 107). Texte inconnu.

Peyrissas (5). — 1300. Charte de coutumes concédée aux habitants par l'abbaye de Lézat. Copie aux Arch. privées de M. le baron de Lassus, à Montréjeau, château de Valmirande. Autre copie à M. Anthyme Saint-Paul, président de la Société des études du Comminges. Inédites.

Pibrac (6). — 1204. Coutumes du lieu de Pibrac accordées par Pierre de Pibrac, Arnaud Mauran de Pibrac et Raymond Bartelle, coseigneurs (Mention dans *Inv. gén. titres sénéch. Toulouse*, f° 226 verso).

Plagnes (7). — 1303 (n. s. 11 février). Charte accordée par Raymond d'Aspet, seigneur de Bérat, et par Célébrun de Pins, commandeur des Templiers de Montsaunès, à la Bastide de Plagne, dont ils venaient d'achever la construction. Charte remarquable par sa libéralité (DU BOURG, *Ordre de Malte*, p. 193). Texte latin, copie du 28 février 1522 aux Arch. dép., E, 891. Inédites.

---

(1) Com. du cant. de Boulogne, arr. de St-G., 117 h.
(2) Com. du cant. de Carbonne, arr. de M., 693 h.
(3) Com. du cant. de Cazères, arr. de M., 689 h.
(4) Com. du cant. de Boulogne, arr. de St-G., 551 h.
(5) Com. du cant. d'Aurignac, arr. de St-G., 296 h.
(6) Com. du cant. de Léguevin, arr. de T., 937 h.
(7) Com. du cant. de Cazères, arr. de M., 134 h.

Plan-Volvestre (1). — Date inconnue. Réformation du lieu de Plan-Volvestre avec les coutumes (Mention dans *Inv. gén. titres sénéch. Toulouse*, f° 43 verso). Texte inconnu.

Pointis-Inard (2). — 1495. Charte concédée aux habitants probablement à une date antérieure et confirmée par Henri II, la première année de son règne, en 1547. Très sommaire analyse dans Castillon d'Aspet, *Hist. de Bagnères-de-Luchon*, 1851, 328-9.

Pointis-de-Rivière (3). — 1280. « Statuts et polices de tout temps observés en la châtellenye de Poentis, tirés de leurs anciens, transcrits mot à mot comme il est dans le registre sur la charte du grand livre de 1280. » La charte était commune aux lieux d'Huos et de Cier, dont les consuls l'avaient acceptée en 1281. La copie est du 15 juin 1602, texte français en 19 articles. Original inconnu. Publiées par Castillon d'Aspet, *Hist. des popul. pyr.*, I, 460-3.

Portet (4). — 1391. Privilèges et coutumes accordées par le Roy Charles en 1391 (Mention dans *Inv. gén. titres de la sénéch. de Toulouse*, f° 224 verso). Date de 1405 donnée par M. E. Cabié dans *Cout. de la Gasc. toul.*, p. 12. Voir Arch. dép., B, 384, avril 1619, lettres confirmatives des anciens privilèges de Portet, et Arch. com. Inédites.

Portet-d'Aspet (5). — 1475 (20 août). Titres des habitants du lieu, en latin, où sont énoncées les coutumes et libertés (Arch. dép., Parlem., Réform., Comminges, R, 2).

Poucharramet (6). — 1329 (n. s. 3 janvier). Octroi d'une charte de franchises municipales à la ville de Poucharramet par les seigneurs, le commandeur des Hospitaliers et noble Raymond Athon (Arch. dép., fonds de Malte, Poucharramet, l. 1). Les Hospitaliers, selon toute probabilité, devaient avoir doté antérieurement leurs vassaux d'une charte, puisque la ville avait déjà son consulat (Du Bourg, *Ordre de Malte*, p. 209). Texte inconnu.

Pradère-les-Bourguets (7). — 1281 (20 février), *Consuetudines de Pradera* concédées par les coseigneurs Jourdain de l'Isle et baron de Blanquefort. Texte latin en 8 articles, copie du seizième siècle aux Arch. dép. de Tarn-et-Garonne, fonds d'Armagnac, Saune de l'Isle, f° 1571. Publiées par M. E. Cabié dans *Coutumes de la Gascogne toulousaine*, pp. 35-8. — Autres statuts et coutumes de Pradère du 4 juin 1285. Texte latin en 26 articles, copie du seizième siècle aux Arch. dép. de Tarn-et-Garonne, ibid., f° 1563. Traduction de M. E. Cabié dans *Cout. Gasc. toul.*, pp. 38-45.

Renneville (8). — 1291 (5 mai). Charte de libertés communales accordée par les

---

(1) Com. du cant. de Cazères, arr. de M., 719 h.
(2) Com. du cant. de St-G., 1036 h.
(3) Com. du cant. de Barbazan, arr. de St-G., 849 h.
(4) Com. du cant. de Toulouse-Ouest, 937 h.
(5) Com. du cant. d'Aspet, arr. de St-G., 701 h.
(6) Com. du cant. de Rieumes, arr. de M., 637 h.
(7) Com. du cant. de Léguevin, arr. de T., 153 h.
(8) Com. du cant. de Villefranche, 297 h.

Hospitaliers à leurs vassaux : les libertés concédées étaient peu étendues parce que la haute juridiction du lieu appartenait au roi et que l'autorité des Hospitaliers y était limitée ainsi que les privilèges qu'ils pouvaient accorder. Texte latin, Arch. dép., fonds de Malte, l. 1. Inédites.

Revel (1). — 1280 à 1294. Bastide fondée probablement par Eustache de Beaumarchés entre 1280 et 1294, sous Philippe le Bel. Des coutumes privilèges furent accordés pour attirer les habitants. Lettres patentes de concession octroyées par le roi Philippe VI de Valois le 6 février 1341 : « Fondation en français de la ville de Revel en 1341, autrefois appellée La Bastide, avec les privilèges accordés à ladite ville, où il est dit qu'elle sera toujours au Roy et ne pourra être donnée ni aliénée qu'à celluy qui sera comte de Toulouse. Suit la fondation en latin. » (Mention dans *Inv. gén. titres sénéch. Toulouse*, f° 172 recto). Mise à exécution de la charte en 1342. Par lettres patentes du 3 décembre 1343 et du 5 mai 1345, imprimées au *Recueil des Ordonnances des rois*, IV, 99, Philippe VI faisant droit à une supplique des consuls et habitants concernant la conservation de leurs privilèges, reproduit le texte : confirmation, revision, modifications et additions de la part du roi. Confirmations par Charles V et Louis XI sans dates (Arch. com.) ; autres confirmations de 1490, 1510, 1517 (*Inv. gén. titres sénéch. Toulouse*, f° 172 verso). Voir encore au *Recueil des Ordonnances*, 1351 (septembre), 1384 (avril). Aux Arch. com. : parchemin en rouleau (expédition de la confirmation de Louis XI) et traduction défectueuse en français du dix-septième siècle. Etude avec transcription sur la coutume de Revel, par M. l'abbé MORÈRE : *La ville de Revel en Lauragais*, in-8°, 69 p. Albi, 1899.

Rieumes (2). — Date incertaine. L'an 1317, la veille de la fête de saint Jean-Baptiste, à Toulouse, fut conclu un acte de paréage pour la fondation de Rieumes, entre le sénéchal au nom du roi, le prieur de Saint-Gilles et le comte de Comminges, à tierces parties (*Trésor des chartes*, reg. 50, pièce 529, et Bibl. de la ville de Toulouse, ms. 637, f° 41). Le 25 mai 1566, transcription et enregistrement des privilèges de Rieumes en ce qui touche les droits de leude (Arch. com. de Toulouse, AA, 14, n° 91, texte latin). Original et copies inconnus.

Rieux (3). — 1202. Coutumes accordées aux habitants, en 27 articles, par Rogier de Terciac, Raymond et Azémar de Genjac (*Inv. gén. titres sénéch. Toulouse*, f° 185 recto). Elles furent confirmées dans les années 1213, 1247, 1289, 1328, 1464 et 1564 (Arch. com., reg. des recon. de la ville de 1682). L'existence de la charte est constatée aussi dans un inventaire officiel des papiers de la ville fait en 1586. Texte latin. Quelques articles sont reproduits dans les *Mém. de la Soc. arch. du Midi*, VII, 346, d'après une note conservée par un ancien consul de Rieux. Un règlement remarquable de police fait en 1343 pour la répression du luxe est reproduit en partie dans le même recueil, pp. 349-51.

Rouède (4). — 1247. Coutumes conformes à celles de Montastruc, confir-

---

(1) Chef-lieu de cant., arr. de V., 5393 h.
(2) Chef-lieu de cant., arr. de M., 2080 h.
(3) Chef-lieu de cant., arr. de M., 1815 h.
(4) Com. du cant. de Salies, arr. de St-G., 459 h.

mées par dame d'Aspet en 1397 (Arch. dép., Parlem., Réform., Comminges, R, 14).

Saccourvielle (1). — 1315. Charte accordée par Bernard VII, comte de Comminges, au lieu de Saccourvielle, sis en la vallée d'Oueil. Mention en est faite par Castillon d'Aspet, *Histoire des popul. pyr.*, I, 330. Texte inconnu.

Saiguède (2). — 1283. Coutumes données à Saiguèda, Sahuguède ou Ségouède par Guillaume-Bernard de La Roque, seigneur de Fontenilles, Saiguède et autres lieux. Signalées par Monlezun, *Hist. de la Gascogne*, II, 479, note 3. Il existe un extrait dans les Arch. de famille de M. le marquis de Fontenilles.

Saint-André (3). — Date inconnue. Coutumes de Saint-André et transaction entre les habitants et le prieur de Saint-Laurent « pour le depaissement et droit au bois dit du Lehro, » de 1507 (Mention dans *Inv. gén. des titres de la sénéchaussée de Toulouse*, f° 35 recto). 1513, reconnaissance de la communauté aux Trésoriers de France, où il est question des droits, coutumes et privilèges dont jouissaient les habitants. Parchemin de l'époque, français, aux Arch. com. [Renseignement dû à M. Pasquier].

Saint-Béat (4). — Date inconnue. Privilèges, libertés et coutumes du lieu de Saint-Béat approuvés par Louis XI en 1469. Texte roman, dont une partie (11 articles) a été publiée par l'abbé J. Roquabert dans *Saint-Béat clef de France*, Saint-Gaudens, Abadie, 1875, pp. 20-4.

Saint-Bertrand-de-Comminges (5). — 1207 ou 1208. Coutumes concédées par Adémar de Castillon, évêque et seigneur de la ville en 1207 (Baron d'Agos, *Vie et miracles de saint Bertrand*, Saint-Gaudens, Abadie, 1854, p. 348, et *Hist. de Lang.*, IV, 374) ou en 1208 (Marrast, *Hist. du Comminges*, note de J. Sacaze, p. 100). Statuts et privilèges de la ville de Comminges ratifiés, approuvés et confirmés par Gailhard de l'Hôpital et messire de Mauléon, du 19 mars 1505 et 25 octobre 1524. Texte latin, 62 articles. Publiés par Castillon d'Aspet, *Hist. des popul. pyr.*, II, 385-97.

Saint-Christaud (6). — Date inconnue. Coutumes et réformation du domaine de Saint-Christaud, concession du four avec l'amortissement, la quittance de finance et la rémission des droits de « bledade et civadage » (Mention, *Inv. gén. des titres de la sénéch. de Toulouse*, f° 43 verso).

Saint-Clar (7). — 1254 (n. s., 9 janvier). Charte de privilèges et de coutumes octroyée aux habitants par le commandeur frère Dominique et dame Sarrazine, veuve d'Isnard de Pointis, qui avait donné le château de Saint-Clar aux Templiers. Cette charte fut calquée sur celle qui avait été concédée aux habitants de Toulouse en 1152 par Raymond IV ; elle ne portait pas de constitution communale, mais elle fut modifiée dans ce sens le 14 janvier 1274. Charte originale, texte latin, aux Arch. dép., E, 891. Inédites.

(1) Com. du cant. de Luchon, arr. de St-G., 76 h.
(2) Com. du cant. de Saint-Lys, arr. de M., 311 h.
(3) Com. du cant. d'Aurignac, arr. de St-G., 474 h.
(4) Chef-lieu de cant., arr. de St-G., 920 h.
(5) Com. du cant. de Barbazan, arr. de St-G., 584 h.
(6) Com. du cant. de Montesquieu-Volvestre, arr. de M., 438 h.
(7) Com. du cant. de Muret, 443 h.

Saint-Félix-de-Caraman (1). — Avant 1463. Charte de coutumes concédée probablement lors de la fondation de la Bastide. Confirmée et étendue en 1463 par le seigneur Arnaud de Carmaing, et en 1551 par messire Odet de Foix. Texte latin en 70 articles. Elles furent transcrites dans un cartulaire municipal, le *Livre Noir* de la communauté, rédigé par ordre du comte de Carmaing au dix-septième siècle. Publiées par M. l'abbé Monène dans *Histoire de Saint-Félix-de-Caraman*, Toulouse, Privat, 1899, pp. 44-54, et 194-212.

Saint-Gaudens (2). — 1203. Charte de coutumes consentie aux habitants par le comte Bernard IV, administrateur libéral. Confirmées et accrues en 1334 par Gaston, comte de Foix, en 1398 par Archambaud, en 1516 par Catherine de Navarre, et dans la suite par ses successeurs. Texte roman, original perdu ; expédition authentique sur grand rouleau de parchemin, en écriture gothique, était conservé aux Arch. com. de Saint-Gaudens (MANNAST, *Hist. du Comminges*, note de J. Sacaze, p. 100) ; autre copie aux Arch. dép. Basses-Pyrénées, dans un registre de « Dénombrements des communautés du vicomté de Nebouzan » de 1542. Publiée par M. B. ABADIE dans *Revue de Comminges*, I, 1885, pp. 231-8, en 45 articles. — Privilèges, coutumes et exemptions de la ville de Saint-Gaudens remis au juge réformateur en 1665, copie texte français, où manquent les règlements municipaux (CASTILLON D'ASPET, II, 390-404), et suivie des droits seigneuriaux que le bailli de Saint-Gaudens prend comme étant fermier pour le roi, confirmés par Louis XIV en 1666, texte français, copie de 1727 (Ibid., II, 404-5). Voir aussi CASTILLON D'ASPET, I, 408-11, et *Hist. de Languedoc*, édit. du Mège, IV, additions, p. 126.

Saint-Jory (3). — 1444, 2 juin. Coutumes citées dans un mémoire (Renseignements fournis par M. PASQUIER, archiviste de la Haute-Garonne). Texte inconnu.

Saint-Ignan (4). — 1517. Charte de Saint-Ignan dans les *Documents sur le tiers état*, vol. 42, réunis sous les auspices d'Aug. Thierry, à la Bibliothèque nationale, fonds français, nos 3375 et suiv.

Saint-Julia-de-Gras-Capou (5). — Date inconnue. Charte perdue probablement lors de l'incendie des Arch. com. pendant l'invasion des Camisards, au dix-septième siècle. Mais les coutumes sont rappelées dans des lettres patentes de confirmation des droits, privilèges, facultés et biens de la communauté, données en 1688 (Arch. dép. Hérault, série C). Ces lettres ont été publiées par M. l'abbé ARAGON dans *Histoire de Saint-Julia-de-Gras-Capou*, in-8°, Toulouse, Sistac, et Paris, Picard, pp. 229-34.

Saint-Julien (6). — 1243, 5 décembre. Charte de coutumes octroyée par Bernard, comte de Comminges. Texte latin en 43 articles. Copie du seizième siècle aux Arch. dép. Elle servit de modèle pour la rédaction de la coutume de Lestelle. Voir

---

(1) Com. du cant. de Revel, arr. de V., 2049 h.
(2) Chef-lieu d'arr., 6651 h.
(3) Com. du cant. de Fronton, arr. de T., 1025 h.
(4) Com. du cant. de St-G., 343 h.
(5) Com. du cant. de Revel, arr. de V., 753 h.
(6) Com. du cant. de Rieux, arr. de M., 411 h.

Lestelle et *Rev. de Com.* (1893), VIII, 129-36. Mentionnées dans *Inv. gén. des titres de la sénéch. de Toulouse*, f° 43 recto. Seront publiées par M. l'abbé LESTRADE dans la *Rev. de Com.* en 1901.

Saint-Lary (1). — 1274 (15 janvier). Coutume signalée par M. AMBRODY dans *Hist. de Escanecrabe*, in-8°, Saint-Gaudens, 1895, p. 217.

Saint-Lys (2). — 1282. Un parchemin contenant les coutumes accordées par le roy Philippe aux habitants de Saint-Lys en 1282 (*Inv. gén. des titres de la sénéch. de Toulouse*, f° 13 verso). Cette bastide royale avait été fondée en 1280, après paréage conclu entre frère Bertrand de Labatut, abbé de Gimont, et Eustache de Beaumarchés, sénéchal de Toulouse, faisant pour le roi (CURIE-SEIMBRES, *Bastides du Sud-Ouest*, p. 379, et Bibl. ville de Toulouse, ms. 637, f° 42, abrégé du paréage). Texte inconnu.

Saint-Mamet (3). — 1335 (16 octobre). Coutumes octroyées par Bernard, comte de Comminge, vicomte de Turenne. Vidimus du 18 juin 1432, approuvé par Mathieu de Foix, comte de Comminges. Arch. dép., Parlem., Réform., Comminges, texte français, N, 51. Inédites.

Saint-Marcet (4). — 1352 (15 janvier). Coutumes accordées par Pierre Raymond II, comte de Comminges. Elles servirent à la rédaction de celles de Larcan en 1447. Confirmées le mercredi 19 mars 1459. Texte latin, copie du dix-huitième siècle aux Arch. dép., E, 891. Inédites.

Saint-Martory (5). — 1432 (25 avril). Charte octroyée à Saint-Martory, Montpezat et Mancioux par Mathieu de Foix, comte de Comminges et seigneur de Serrières. Collationné de 1635 signalé par M. P. DE CASTÉRAN dans *Rev. de Gascogne*, XXXIX (1898), p. 213. Mentionnée aussi dans *Inv. gén. des titres de la sénéch. de Toulouse*, f° 35 verso, et comme datée du château de Muret, l'an 1412, par M. A. COUGET, *Saint-Martory et Lestelle*, 1877.

Saint-Michel-de-Mont-Saboth (6). — 1282. Coutumes accordées aux habitants par Eustache de Beaumarchés et autres coseigneurs, mentionnées dans *Inv. gén. des titres de la sénéch. de Toulouse*, f° 188 recto.

Saint-Paul (7). — 1322. Coutumes, privilèges et libertés accordés aux habitants de Saint-Paul par Jourdain, comte de l'Isle. Rouleau de parchemin aux Arch. du château de Léran (Ariège), propriété de M. le duc de Mirepoix. Inédites. Renseignement dû à M. PASQUIER.

Saint-Pé del Bosc (8). — 1297. Charte de coutumes accordées aux habitants de Saint-Pierre-du-Bois par l'abbé et les religieux du monastère de Nizors ou Béné-

---

(1) Com. du cant. de Boulogne, arr. de St-G., 332 h.
(2) Chef-lieu de cant., arr. de M., 1245 h.
(3) Com. du cant. de Luchon, arr. de St-G., 507 h.
(4) Com. du cant. de St-G., 657 h.
(5) Chef-lieu de cant., arr. de St-G., 1013 h.
(6) Com. du cant. de Cazères, arr. de M., 538 h.
(7) Com. du cant. de Grenade, arr. de T., 320 h.
(8) Com. du cant. de Boulogne, arr. de St-G., 245 h.

diction-Dieu (*Inv. de Nizors* aux Arch. dép., p. 61 et 63), et Arch. dép., E, 891. Inédites.

Saint-Plancard (1). — Avant 1390. La charte de coutumes de Saint-Plancard fut rédigée d'après celle de Blajan (1347), Montmaurin (1317) et Alan (1272). Elle servit à la rédaction de la charte de Sarremezan en 1391. L'original de cette dernière est conservé aux Arch. dép., E, 893. Inédites.

Saint Sulpice-de-Lézat (2). — 1257 (mars). Charte de privilèges octroyés aux habitants de la nouvelle bastide de Saint-Sulpice par Alphonse de Poitiers. Les Hospitaliers venaient de lui céder leur haute juridiction sur le territoire. Extraits de ce document aux Arch. dép., fonds de Malte, Saint-Sulpice, l. 1. Original perdu. Inédites.

Sainte-Foy-de-Peyrolières (3). — Avant 1255 et en 1367. Le paréage conclu entre le comte de Toulouse et l'abbé de Conques, prieur de Sainte-Foy, en 1255, constate que les habitants avaient des coutumes. En 1367, autre paréage entre le roi, le prieur et les consuls et habitants; il ne fut rédigé en forme authentique que le 12 novembre 1414; cet acte contient plusieurs articles des coutumes, leude, droit pour les consuls d'exercer la justice criminelle, etc. (HIGOUNET, *Histoire administrative de Sainte-Foy-de-Peyrolières*, pp. 17-21 et 22-30; Arch. dép., fonds des Jésuites, n° 52). Inédites.

Sainte-Livrade (4). — 1248 (25 août). *Consuetudines de Sancta Liberata* accordées par les coseigneurs du lieu. Texte latin en 19 articles. Copie du seizième siècle aux Arch. dép. de Tarn-et-Garonne, fonds d'Armagnac, Saume de l'Isle, f° 1600. Publiées par M. E. CABIÉ dans *Coutumes de la Gascogne toulousaine*, pp. 28-34.

Sainte-Marie-du-Désert (5). — 1273 (2 avril). *Instrumentum consuetudinum de Sancta Maria Herema*. Texte latin en 10 articles; copie du seizième siècle aux Arch. dép. de Tarn-et-Garonne, fonds d'Armagnac, Saume de l'Isle, f° 348. Publiées par M. E. CABIÉ dans *Coutumes de la Gascogne toulousaine*, pp. 64-9.

Salles (6). — 1283 (mai). Charte accordée par le commandeur du Temple, Pons de Brohet; texte latin, copie collationnée de 1684 aux Arch. dép., E, 893. Inédites.

Salerm (7). — Date inconnue. Le texte avait été perdu; il en fut rédigé un en 1708 par les notables de la communauté; il est transcrit dans un cahier de 6 feuillets aux Arch. du château de Salerm (Renseignements fournis par M. le baron F. DE GAULÉJAC). Cette coutume sera publiée par M. l'abbé Lestrade dans la *Revue de Comminges* en 1901.

Sarremezan (8). — 1391 (n. s., 5 mars). Coutumes du lieu de Sarremezan, de

(1) Com. du cant. de Montréjeau, arr. de St-G., 847 h.
(2) Com. du cant. de Carbonne, arr. de M., 1125 h.
(3) Com. du cant. de Saint-Lys, arr. de M., 1176 h.
(4) Com. du cant. de Léguevin, arr. de T., 260 h.
(5) Hameau de la com. de Bellegarde, cant. de Cadours, arr. de T.
(6) Com. du cant. de Rieux, arr. de M., 268 h.
(7) Com. du cant. de l'Isle-en-Dodon, arr. de St-G., 215 h.
(8) Com. du cant. de Boulogne, arr. de St-G., 201 h.

Serramedano, copiées sur celles de Saint-Plancard, et concédées aux consuls du lieu au nom de Gaston Phœbus, comte de Foix et vicomte de Nébouzan, par Stiot de Saint-Rome, chevalier sénéchal et lieutenant de Gaston dans la vicomté de Nébouzan. Presque identiques à celles de Montmaurin (*Rev. de Comminges*, XI, 68). Original parchemin, texte latin, aux Arch. dép., E, 893. Copie aux Arch. com. de Sarremezan. Inédites.

Sauveterre (1). — Coutumes et privilèges octroyés vers 1284 aux habitants par le vicomte de Lomagne, Auvillar et Rivière. Texte latin égaré. Mention tirée des Arch. communales.

Sénarens (2). — Date inconnue. Coutumes accordées par le roy et l'abbé des Feuillants, coseigneurs par moitié (*Inv. gén. des titres de la sénéch. de Toulouse*, f° 42 recto). La bastide de Sénarens fut fondée en même temps que celle de Fousseret, en 1226. Texte inconnu.

Thil-et-Bretx (3). — 1246 (27 mai). *Consuetudines Castri de Tilio*. Texte latin, 33 articles; copie du seizième siècle aux Arch. dép. de Tarn-et-Garonne, fonds d'Armagnac, Saume de l'Isle, f° 315. Additions à la charte précédente du 5 novembre 1256 ou secondes coutumes de Thil, confirmées en 1289. Texte latin, 15 articles ajoutés; copie du seizième siècle aux Arch. dép. T.-et-G., ibid., f° 1343 verso. Publiées par M. E. Cabié dans *Cout. de la Gasc. toul.*, pp. 70-80 et 80-5.

Touille (4). — Date inconnue. Coutumes du lieu de Touille, mentionnées dans *Inv. gén. des titres de la sénéch. de Toulouse*, f° 38 recto.

Toulouse. — 1286 (n. s. 5 février). En 1251, Alphonse de Poitiers s'engageait à maintenir les anciennes libertés et bonnes coutumes de Toulouse. Juin 1273, confirmation générale par Philippe III des libertés et coutumes bonnes et approuvées. Le 5 février 1285 (1286 n. s.), elles furent rédigées et revisées; le 5 février 1286, définitivement arrêtées et promulguées. Confirmées : par Louis XI en 1461 et 1463; par Charles VIII en 1483; par Louis XII en 1498; par François Iᵉʳ en 1515. — Copie des coutumes approuvées aux Arch. com., ms. 185, pp. 2-32, dans un Cartulaire de Bernard de Sainte-Eulalie, notaire désigné par les consuls de 1295 pour former un recueil des titres essentiels de la ville; autre copie ms. 220, f°ˢ 75 à 106, compilation commencée par ordre des Capitouls de 1540. Arch. dép., E, 893. Bibl. nat., fonds latin, mss. 9187 et 9993. Bibliothèque imp. de Vienne, n° XIV (ol. XL), in-folio; cette copie ne contient pas les 20 articles rejetés par le roi. — La célèbre coutume de Toulouse a fait l'objet de travaux remarquables : Jean de Casevieille (Johannes de Casaveteri), *Consuetudines Tholosæ cum declarationibus*, Toulouse, 1544, in-4°. François-François, *Observations sur les coutumes de Tholose*, Lyon, 1615, in-4° [traduction très peu estimée des *Consuetudines approbatæ*]. Ibid., *Observations du droit*

---

(1) Com. du cant. de Barbazan, arr. de Sᵗ-G., 1556 h.

(2) Com. du cant. de Fousseret, arr. de M., 235 h.

(3) Les deux villages, quoique distincts aux douzième et treizième siècles, avaient mêmes seigneurs et mêmes chartes de privilèges. Ils appartiennent au cant. de Grenade, arr. de T., 773 et 208 h.

(4) Com. du cant. de Salies, arr. de Sᵗ-G., 700 h.

français conférées au droit romain et coutumier de France, Lyon, 1618, in-4° [paraphrase des coutumes de Toulouse avec commentaire]. De Solatges, *Coutumes de la ville, gardiage et viguerie de Toulouse*, 1770, in-4° [texte latin et traduction]. Bourdot de Richebourg, *Nouveau coutumier général*, t. IV, p. 1037 [édition de Casevieille réimprimée, sauf le commentaire]. Ad. Tardif, *Coutumes de Toulouse*, publiées d'après les manuscrits 9187 et 9993 de la Biblioth. nation., recueil de textes pour servir à l'enseignement de l'histoire du droit, grand in-8°, Paris, Picard, 1884. Ibid., *Le droit privé au douzième siècle, d'après les coutumes de Toulouse et de Montpellier*, in-8°, Paris, Picard, 1886. Léon Lalubie, *Etudes sur les anciennes coutumes de Toulouse*, Tardieu, Toulouse, 1889, in-8°, 43 pages.

Valcabrère (1). — Vers 1318. Charte de coutumes attribuée à Arnaud-Guillaume de Mauléon, seigneur de Valcabrère, etc. [baronnie de Mauléon]. Texte roman, publié par le baron d'Agos dans *Etude sur la basilique et les antiquités de Valcabrère*, in-12, Saint-Gaudens, Abadie, 1857, pp. 71-84.

Valentine (2). — 1287 (janvier). Coutumes données par lettres de Philippe le Bel, datées de Paris en janvier 1286 (1287 n. s.). Un document que Larcher avait transcrit des Arch. de la Trésorerie de Toulouse fait connaître que Valentine était une bastide en paréage entre le roi et un coseigneur terrien nommé Guillaume Unald [ou Unaud]. Le texte de la coutume se retrouve presque identiquement dans celle de Trie et d'un grand nombre d'autres bastides (Curie-Seimbres, *Bastides du Sud-Ouest*, p. 351). Mentionnées dans *Inv. gén. titres de la sénéch. de Toulouse*, f° 276 verso.

Venerque (3). — Avant 1473. Aux Arch. dép., fonds de la Daurade et E, 331, un document fait allusion aux coutumes; c'est la constatation de leur existence. Voir aussi hommage de la communauté, E, 205. Les minutiers anciens du notariat de Montgiscard (Reg. 1461-1474 d'Antoine Duranti, VIII° cahier, f° 165) contiennent une copie, texte latin, des coutumes et privilèges de Venerque, qui réglaient les rapports entre la communauté et son seigneur. Elle est du 16 février 1473 [1474]. Renseignement dû à l'obligeance de M. l'abbé Duffaut, ancien curé doyen de Montgiscard, actuellement à Notre-Dame de la Dalbade, Toulouse. Inédites.

Verfeil (4). — Date inconnue. Enregistrement des lettres patentes confirmant les privilèges de la communauté de Verfeil et du seigneur du lieu (Arch. dép., B, 41, f° 493, 14 juillet 1548).

Villaudric (5). — 1470 (8 octobre). Charte concédée par Amalric de Senerges, prieur de la Daurade, et retenue par le notaire Berugier ou Beringuier-Barravi. Traduction du latin en français faite le 22 mars 1699 par Pierre Saint-Plancard et Thomas de Foucaud, « docteurs et advocats en la Cour sur la grossoie d'icelle en lettre fort ancienne qui nous a esté mise es mains par les consuls dud. lieu de Villaudric et par eux retirée. » Copie contemporaine de la traduction appartenant à

---

(1) Com. du cant. de Barbazan, arr. de St-G., 217 h.
(2) Com. du cant. de St-G., 1042 h.
(3) Com. du cant. d'Auterive, arr. de M., 802 h.
(4) Chef-lieu de cant., arr. de T., 1891 h.
(5) Com. du cant. de Fronton, arr. de T., 607 h.

Mme de Pous de Villaudric, 22 articles, analysée par M. l'abbé Douais dans *Bullet. Soc. arch. du Midi*, 1894, p. 14. Mentionnées aussi dans un compte de collecteur (Arch. dép., C, 2115).

Villefranche-de-Lauragais (1). — 1280 (août). Privilèges et coutumes octroyés par Philippe le Bel « en 1280 au mois d'aoust, confirmées par lettres patentes du Roy François du mois de may 1531. » (Arch. dép. A, 2, vol. 1, f° 265). Privilèges pour le four, le droit de leude et péage « qu'on paye aux foires » (mentionnés dans *Inv. gén. des titres sénéch. Toulouse*, f° 168 recto. Texte inconnu).

Villemur (2). — 1176. Franchises des habitants de Villemur (TEULET, *Layettes du Trésor des Chartes*, t. I, p. 223, acte 290). Signalées par M. Em. Jarriand. Sauvegarde accordée aux consuls de Villemur en août 1354 (*Recueil des Ordonnances des rois*). Signalées aussi avec la date de 1178 par M. P. Dognon, *Les Institut. polit. et adm. du pays de Languedoc*, p. 56. Texte inconnu.

Villeneuve-de-Lécussan (3). — 1388. Charte de coutumes accordée par Roger Ier d'Espagne, baron de Montespan, et confirmées le 23 juin 1540 par Roger IV. Signalées dans la *Revue de Comminges*, X, 1895, p. 90. Texte inconnu.

Villeneuve-de-Rivière (4). — 1285. Charte de coutumes octroyée par Roger Bernard, comte Foix, vicomte de Castelbon, seigneur de Saint-Gaudens et de Nébouzan. Copie d'un collationné par Mengue, greffier du Parlement de Montpellier, sur un vidimus du 27 novembre 1478 reçu par Bertrand Brossa, juge de Roger d'Espagne, seigneur de Montespan, baron de Bordères et de Villeneuve-de-Rivière. Texte roman du seizième siècle aux Arch. dép., E, 892. Inédites.

J. DECAP,
Membre correspondant.

Muret, le 1er février 1899.

(1) Chef-lieu d'arr., 2224 h.
(2) Chef-lieu de cant., arr. de T., 3944 h.
(3) Com. du cant. de Montréjeau, arr. de St-G., 735 h.
(4) Com. du cant. de St G., 1199 h.

www.ingramcontent.com/pod-product-compliance
Lightning Source LLC
Chambersburg PA
CBHW060538050426
42451CB00011B/1780